イラストと図解でよくわかる

ケアマネ実務スタートブック

必携！　高室成幸

中央法規

はじめに

　ケアマネジャーの仕事で皆さんの戸惑いの1つは「業務量の多さと複雑さ」と聞きます。ほとんどの人は基礎職種が直接援助職ですから、ケアマネジメントという間接援助の仕事に慣れるまでの数年はかなりきつい人もいるようです。
「利用者（家族）の方とのやりとりはとてもやりがいを感じるのですが、いざケアチームのマネジメントになると慣れないために失敗が多かったですね。でも3年が過ぎるとなんとか全体がわかってきて、今は5年たち自信もついてきました」
と中堅ケアマネジャーのAさんが本音を語ってくれました。

　仕事は「はじめの一年」がとても大切だといわれます。それは「仕事の基礎」を身につける期間だからです。5、6人の先輩ケアマネジャーがいる事業所なら「先輩から学ぶ」こともできるでしょうが、1、2人の事業所だとどうしても自己流になってしまいがちです。
　この1年に「間違った仕事の癖」が身につくとそれを直すのにはとても長い期間が必要だといわれます。本書は6訂介護支援専門員実務研修テキストにも準じるとともに、これからの「新しいケアマネジャー」を目指す内容となっています。

　本書のコンセプトは「ケアマネジャーの一人立ち支援」です。自分で考え、自分で判断し、自分で責任をもった行動がとれる、そして自分で自分を伸ばせる、まさに自立（自律）したケアマネジャーになるための「指南書」です。
　新人だけでなく3年選手、5年選手が読んでも十分に活用できる内容であり、新人ケアマネジャーの育成のテキストとして使うこともできます。

　おわりに本書の刊行にあたり現場の実践や工夫の取材に快く応じていただいたケアマネジャーの方々に感謝を述べたいと思います。

2017年11月
高室　成幸

CONTENTS

はじめに

Part 1 • ケアマネジャーになったら

❶ **ケアマネジャーの心構え** ………………………………………………………… 8
　❶ ケアマネジャーだからこそ …………………………………………………… 8
　❷ ケアマネジャーの「6つの心構え」…………………………………………… 10

❷ **仕事の流れ** ……………………………………………………………………… 12
　❶ 仕事の流れをつかむ ………………………………………………………… 12
　❷ 1か月間の仕事の流れ ……………………………………………………… 14

❸ **スケジュールの立て方** ………………………………………………………… 16

❹ **手帳を使いこなそう** …………………………………………………………… 18

❺ **ケアマネジャーの服装と持ち物** ……………………………………………… 20
　❶ 身だしなみ、見た目に気を遣おう …………………………………………… 20
　❷ 訪問時のカバンの必須アイテム …………………………………………… 22

❻ **ケアマネジャーの働く職場** …………………………………………………… 24
　❶ 働く現場は「地域」そのもの！ ………………………………………………… 24
　❷ 地域で働くケアマネジャー！ ………………………………………………… 25
　❸ 在宅以外で活躍できる現場 ………………………………………………… 26

❼ **ケアマネジャーの法定研修** …………………………………………………… 28
　❶ ケアマネジャーの養成の全体像 …………………………………………… 29
　❷ 研修管理シート：実務研修 ………………………………………………… 30
　❸ 研修管理シート：専門研修 ………………………………………………… 31

Part 2 • ケアマネジメント業務

❶ **受付（電話、来所）**……………………………………………………………… 34
　❶ 相談を丁寧に受け付ける …………………………………………………… 34
　❷ 経緯の聴き取りと訪問の提案、電話対応の留意点 ……………………… 36

❷ **インテーク（初回面接）**………………………………………………………… 38

- ❶ インテークの心構え　……………………………………………………　38
- ❷ 利用者宅を訪問する　……………………………………………………　40
- ❸ 介護保険の説明と利用者との契約　……………………………………　44
- ❹ 要介護認定に至る経緯の聴き取り　……………………………………　46

❸ アセスメント　……………………………………………………………　48
- ❶ アセスメント・プロセス　………………………………………………　48
- ❷ 利用者のアセスメント　…………………………………………………　50
- ❸ 「阻害要因」と「できる可能性」をアセスメントする　………………　52
- ❹ ADL、IADL、CADL等の把握　…………………………………………　54
- ❺ 課題整理総括表を使いこなす　…………………………………………　56
- ❻ 家族（親族含む）アセスメント　………………………………………　58
- ❼ 居住環境のアセスメント　………………………………………………　60
- ❽ 周辺環境（地域環境）のアセスメント　………………………………　61

❹ ケアプラン作成（プランニング）　……………………………………　62
- ❶ ケアプラン作成の基本　…………………………………………………　62
- ❷ 第１表の書き方　…………………………………………………………　64
- ❸ 居宅サービス計画書（第１表）の書き方例　…………………………　66
- ❹ 第２表の書き方　…………………………………………………………　68
- ❺ 居宅サービス計画書（第２表）の書き方例　…………………………　72
- ❻ 第３表の書き方　…………………………………………………………　74

❺ サービス担当者会議　……………………………………………………　76
- ❶ サービス担当者会議の目的と種類　……………………………………　76
- ❷ サービス担当者会議を進める（新規・更新ケース）　………………　78

❻ モニタリング　……………………………………………………………　84
- ❶ モニタリングの基本　……………………………………………………　84
- ❷ 利用者の状態や状況、達成度、暮らしの変化をモニタリングする　……　86
- ❸ 家族をモニタリングする　………………………………………………　88
- ❹ モニタリングの流れ、情報提供とチームモニタリング　……………　90
- ❺ 評価表の書き方例　………………………………………………………　92

❼ 支援経過記録の書き方　…………………………………………………　94
- ❶ 支援経過記録の６つの流れ　……………………………………………　94
- ❷ 居宅介護支援経過（第５表）の書き方例　……………………………　96

❽ 給付管理業務　……………………………………………………………　98
- ❶ 給付管理業務のポイント　………………………………………………　98
- ❷ サービス利用票（第６表）の書き方例　………………………………　100
- ❸ サービス利用票別表（第７表）の書き方例　…………………………　102

❾ 引き継ぎ　…………………………………………………………………　104

Part3 ● サービスコーディネート業務

❶ サービスコーディネート ……………………………………………………… 108
　❶ サービス資源と利用者の調整 ………………………………………………… 108
　❷ 事業所情報の収集 ……………………………………………………………… 110
❷ 本人（家族・親族） …………………………………………………………… 112
❸ 訪問介護 ………………………………………………………………………… 114
❹ 訪問看護 ………………………………………………………………………… 116
❺ 訪問歯科 ………………………………………………………………………… 118
❻ 訪問リハビリテーション ……………………………………………………… 120
❼ 居宅療養管理指導 ……………………………………………………………… 121
❽ 訪問入浴 ………………………………………………………………………… 122
❾ 通所系サービス ………………………………………………………………… 124
❿ 短期入所系サービス（ショートステイ） …………………………………… 128
⓫ 福祉用具サービス ……………………………………………………………… 130
⓬ 住宅改修 ………………………………………………………………………… 132
⓭ 小規模多機能型居宅介護サービス（地域密着型サービス） ……………… 134
⓮ 認知症グループホーム（地域密着型サービス） …………………………… 136
⓯ 介護施設サービス ……………………………………………………………… 138
⓰ 居住系サービス ………………………………………………………………… 140
⓱ 医療機関 ………………………………………………………………………… 142
⓲ 近所・近隣・ボランティア …………………………………………………… 144
⓳ 介護保険外サービス・生活支援サービス・民間サービス ………………… 146
⓴ 地域包括支援センター ………………………………………………………… 148
㉑ 公的サービス（公共サービスと行政サービス） …………………………… 150

Part 4 ● 介護予防ケアマネジメント

❶ 介護予防と予防給付 ……………………………………………………………… 154
❷ 総合事業／介護予防・生活支援サービス／一般介護予防事業 ……… 156
❸ 基本チェックリスト ……………………………………………………………… 158
❹ 介護予防プラン〜アセスメントとプランニング〜 ……………………… 160
　❶ アセスメントとプランニングを同時進行する ……………………………… 160
　❷ 介護予防プランの書き方・読み方 …………………………………………… 162
❺ 介護予防支援・サービス評価表 ………………………………………………… 164
　❶ 介護予防プランと介護予防支援・サービス評価表 ………………………… 164
　❷ 介護予防支援・サービス評価表の書き方・読み方 ………………………… 166
❻ 介護予防と支え合う地域づくり〜生活支援コーディネーターとの連携〜 … 168

Part 5 ● できるケアマネジャーの仕事術

❶ メンタルマネジメント〜ストレスケアとモチベーション技術〜 ……… 174
　❶ メンタルマネジメントの2つの手法 ………………………………………… 174
　❷ ストレスマネジメント ………………………………………………………… 176
　❸ モチベーションマネジメント ………………………………………………… 178
❷ 自己管理術 ………………………………………………………………………… 184
❸ 職場選びと心構え、関係づくり ………………………………………………… 188
❹ 人脈づくり・ネットワークづくり ……………………………………………… 190
❺ 自分育てと学び方〜学べば「伸びしろ」は伸ばせる〜 ……………………… 192
　❶ まずは学び方を知ろう ………………………………………………………… 192
　❷ 研修会・勉強会の種類 ………………………………………………………… 194
　❸ こうすればいい！研修会・勉強会の探し方 ………………………………… 195
❻ キャリアマネジメント〜スキルアップとキャリアアップと社会貢献〜 … 196

Part 6 ● 関連制度と周辺知識

❶ **障害者への支援と制度** ……………………………………………………… 200
　❶ 障害者の状態像の理解と情報収集 …………………………………… 200
　❷ 障害者福祉制度と介護保険制度 ……………………………………… 202
❷ **生活保護制度** ………………………………………………………………… 204
❸ **高額介護（予防）サービス費等と介護保険による補足給付** ……… 206
❹ **医療保険制度** ………………………………………………………………… 208
❺ **高齢者虐待** …………………………………………………………………… 210
❻ **成年後見制度** ………………………………………………………………… 212
❼ **介護休業制度（正式には育児・介護休業制度）** …………………… 214
❽ **精神疾患の知識と支援** ……………………………………………………… 216
❾ **消費者保護制度** ……………………………………………………………… 218

著者紹介

Part 1

ケアマネジャーになったら

1 ケアマネジャーの心構え

❶ ケアマネジャーだからこそ

「やりがい」がいっぱい

　どのような仕事であれ「つらさ」や「苦労」だけでなく「おもしろさ」や「やりがい」があるものです。皆さんが選んだケアマネジャーという仕事は「ケアマネジャーだからこそ得られるやりがい」に満ちた仕事です。

　皆さんは、利用者（家族）のさまざまな人生に向き合い、かかわることになります。それぞれに個別的であり、支援の方法は多様で「正解」は用意されていません。すべては待ったなしの応用問題です。だからこそ専門職がチームを組み、話し合い、連携して支えていく必要があるのです。そしてその調整役でありチームケアの促進役（ファシリテーター）がケアマネジャーなのです。

「学び」がいっぱい

　ケアマネジャーになると公的研修から市町村研修、職能団体や他の専門職主催の研修まで、たくさんの研修が用意されています。研修以外にも事例検討会やスーパービジョンの場などもあります。スケジュール調整は大変ですが、それだけ「学ぶチャンス」があるわけです。他の専門職にはここまで学習の機会は用意されていないでしょう。

　そしてなにより「利用者（家族）の生活史や人生の歩み、生き方や価値観」に触れることが一番の学びとなるでしょう。利用者（家族）の個々のドラマに向き合い、誠実に支援に取り組むことであなた自身はやがて自己成長している自分を実感することになるのです。

● ケアマネジャーだからこそ得られる4つの特典

「チームケアの実感」を得られる

　ケアマネジメントでは利用者（家族）を相談援助の手法で支援（直接援助）し、ケアチームに対してはマネジメントという手法で調整役（関節援助）としてかかわります。

　利用者とケアサービスの「つなぎ役」であるケアマネジャーはチームケアの「黒子（くろこ）」です。主役は利用者、準主役は家族、脇役がケアチームであり医療チームです。脇役の皆さんが「質の高い仕事」をできる環境をつくることがケアマネジャーの大切な役割であり、ケアマネジメントの醍醐味といえます。

「自己成長」が実感できる

　ケアマネジャーに求められる能力は次の2つの領域です。

1 直接援助：相談援助技術
2 間接援助：マネジメント技術

　これらは日々の仕事をこなすだけでは身につきません。「自己学習」として研修会に参加したり専門書・誌や関連書を読むなど、実践と振り返りを行うことが大切です。「自己成長への動機づけと行動」が質の高い支援とケアマネジメント力向上へとつながっていきます。そうした成長を実感できることはケアマネジャー職だからこそ得られる特有の特典といえるでしょう。

❷ ケアマネジャーの「6つの心構え」

利用者の自立（自律）支援

利用者本位の視点に立ち、利用者の自立（行うこと）と自律（決めること：自己決定）を支援します。「できないこと」を支援するだけでなく「できていること」（プラス面）に着目し、利用者が前向きに暮らせるよう、「伴走者」の心構えで支えます。

公正・中立の立場を守る

利用者本位を目指すのですが、家族、介護サービス事業所、医療、地域などの多様な資源から「さまざまな力」が働き、公正・中立の姿勢が揺らぐようなことも起こります。利用者本位の視点に立ち公正・中立の立場を守りましょう。

多職種・多資源で連携する

利用者が抱える問題は多様です。その多様な問題を解決するためには介護、医療、地域、行政、生活資源などの多職種・多資源による連携が必要不可欠です。サービス担当者会議や地域ケア会議、地域の勉強会など多様な集まりを通じてネットワークを広げましょう。

利用者は「主役」、家族・親族は「準主役」、サービス資源は「脇役」、そしてケアマネジャーは「黒子（くろこ）役」

チームの黒子役に徹する

利用者は主役で、家族が準主役。それらを取り巻く社会資源が脇役だとすれば、ケアマネジャーはみんなを後方から支援するチームの裏方・黒子役です。利用者の輝けるステージのために、裏方に徹してチームを支えていきましょう。

法制度を学び支援に役立てる

介護保険法だけでなく障害者総合支援法、生活保護法、成年後見制度など「利用者（家族）を守り支える法制度」を学び、利用者（家族）支援に役立てます。また、利用者の基本的人権と生命・財産などの権利を守ることはケアマネジャーの大切な役割です。

点・線でなく「面の支援」を目指す

利用者（家族）が抱える問題（例：買物困難、医療過疎）は地域の課題です。利用者への支援が地域づくり（まちづくり）につながることで「面の支援」が可能となります。地域包括支援センターや自治体に積極的に情報提供や働きかけを行います。

PART 1-2 仕事の流れ

❶ 仕事の流れをつかむ

ケアマネジャー6つの仕事

　仕事とは「先取り」するものです。「1日、1週間、1か月、1年間」ごとに「基本の流れ」を知り、先輩や管理者に相談し主体的に「仕事の流れ」をつくります。

　ケアマネジャーの業務は大きく6つに分けることができます。

1 相談面接業務
2 連絡・調整業務
3 情報収集および提供
4 各種書類作成と提出
5 定期および不定期訪問
6 事業所会議、研修、勉強会等

効率的にこなす「3つの勘所」

　これらの6つの業務をただやみくもにやっていては「お忙しい症候群」に陥りかねません。効率的にこなしていくために次の3つの視点で整理をしましょう。

1 業務を行う場所はどこ？
居宅介護支援事業所、利用者宅、サービス事業所、病院、市役所等。

2 業務ごとに要する時間はどれくらい？
5分、15分、30分、60分等。

3 使用する道具（ツール）は何？
書類：ケアプラン、アセスメントシート、契約書類、利用表、提供票、連絡・報告書類、パンフレット、公的文書等
調整・連絡・情報提供・記録：電話、ファクス、Eメール、LINEなどのSNS、デジタルカメラ、ボイスレコーダー等。

デスクワークを効率的にこなす

　ケアマネジャー業務の中で多くの時間をとられるのがデスクワーク。書類を作成したり、電話やメールで連絡・調整をしたり、その日に対応した利用者ごとの支援経

●ケアマネジャーの1日(例)

　過記録を書く作業は手間がかかり煩雑です。

　これらの業務を就業時間内に終え、翌日に持ち越さない習慣を身につけましょう。そのために余裕をもったスケジュール管理とともに道具の工夫（例：訪問時の記録内容をボイスレコーダーに録音する）などを行いましょう。

❷ 1か月間の仕事の流れ

　ケアマネジャーの仕事は1か月を基準に予定を立てて進めます。立て方は10日間ごとに大枠3つのゾーンに分けましょう。基本は継続の利用者への対応（訪問、調整、給付管理など）です。その間に新規ケース対応や要介護認定の更新申請、給付管理業務、サービス調整、介護予防ケース対応、さらに各種の会議や研修会などのスケジュールを組み込みます。

　1か月の仕事をイメージし、それぞれの

● ケアマネジャーの1か月（例）

月	火	水	木	金	土	日
1	2	3	4	5	6	7
←給付管理業務／要介護認定更新申請			←サービス調整／ショートステイの予約→		(休日)	(休日)
8	9	10	11	12	13	14
←給付管理業務→					(休日)	(休日)
15	16	17	18	19	20	21
←モニタリングおよびサービス利用票の配布とサービス調整、新規ケース対応、認定調査等→					(休日)	(休日)
22	23	24	25	26	27	28
←当日中に翌月のサービス提供票・別表をサービス事業者へ配布　翌月の要介護認定更新の準備→					(休日)	(休日)
29	30	31				
← →						

流れを把握して、「先取りした仕事」の流れをつくりましょう。

1週～2週目前半の仕事

月の始めは前月の「給付管理業務」です。利用者が前の月に利用した介護サービス事業者から「実績表」が届きます。その実績を確認・集計して10日までに「国保連（国民健康保険団体連合会）」に給付管理票等を提出する電送業務を行います。給付管理業務をスムーズに行うためには、サービス事業所からの実績表をなるべく早めに届けてもらうことがポイントとなります。

2週目後半～4週目の仕事

給付管理業務が終わると翌日からモニタリング訪問です。モニタリングシートと給付管理票を元にサービスの利用状況（例：デイサービスをケアプラン通り利用したかどうか）や日常生活やニーズの変化、リスクの発見などを行います。約2週間をかけて訪問（1日平均3～4件）します。この間に新規ケースの対応や研修会への参加、認定調査、予防ケアプラン作成（インテーク・アセスメント含む）などを行います。

利用者へのモニタリング訪問では、介護サービス等の実施状況と短期目標の取り組みと達成度合とサービスへの満足度を聴き取り、翌月のサービス利用の予定と翌月の訪問予定を話し合います。その内容を整理して「サービス提供票・別表」を作成して各サービス事業所に届けます。モニタリング訪問を効率化するために、事前にサービス事業所等に電話や面接でサービスの満足度や充足度、変化の有無を把握しておくことは大切です。

その結果、サービス調整や交付のための訪問回数が増えることが避けられます。届け方は郵送、ファクス、手渡し、インターネット（Eメール）などさまざまです。

---

mini column

・**当日のスケジュールは前日にシミュレーション**

朝の出勤時に「今日は何をしようか」と考えるのでなく、前日の内にシミュレーションしておきます。朝は手帳を見て再度スケジュールチェック。そうすることで1日をスムーズに始めることができます。

スケジューリングとは「時間をデザイン」すること。業務が目的化する（とにかくやっている）、思いが先行する（私は頑張っている）だけでは、時間をムダにしがちです。「何に、どのように、どれくらい」の時間をかけるのか、業務別におおよその時間配分を数量化（分単位、時間単位）しましょう。

ちょっと空いた「すきま時間」も有効に使いましょう。

PART 1

3

スケジュールの立て方

スケジュールは「先取る」

　スケジューリングは先方の都合に合わせてばかりでは「なかなか決まらない」ことになりがちです。候補日を3つほど提案し選んでもらうとよいでしょう。都合がつかない事業所とはそこから個々に調整するやりとりを行います。

　その際に大切なのは手帳等を使ってスケジュールを早めに「先取り」することです。先方の都合がよい曜日や時間帯などもあらかじめ把握しておくと調整作業をうまく進めることができます。

詰め詰めでなく「余裕」が大事

　スケジューリングがキツメだと1つの予定がズレてしまうと他の予定に影響することになります。また移動時間や準備時間も予定通りにいかない事態もありえます。

ですから訪問と訪問の間に30～40分程度の余裕時間を入れ込みます。早めに到着したら実務作業（例：訪問記録のためのメモ書き）をする、調整の連絡時間にあてる、訪問を早めてもらうなどをしましょう。

フォローできる時間をつくる

　予定を立てていても緊急に対応しなければいけないことは起こりがちです。担当以外のケースでも動かなければいけないこともありえます。また新規ケースの依頼があればかなりの時間がとられます。それを翌週に持ち越していては仕事は溜まるばかりです。一週間の中に溜まってしまった仕事をフォローできる時間をつくり、集中して対応しましょう。

「1作業：15分」でブロック化

　「15分：1単位」と換算し、業務ごとに作

● 週間スケジュールの立て方（例）

※「ケアマネジャー手帳」（中央法規出版）より

業を細分化します。そしてどれくらいの時間がかかるのか（例4単位：60分）、おおよその予想を立てておくと、仕上がりのメドを立てることができるようになります。

PART 1

4 手帳を使いこなそう

手帳で身につける「４つの力」

　ケアマネジャーに手帳は必須アイテムです。それは、めまぐるしく変わる予定と膨大な仕事量をこなさねばならないからです。スマートフォンなどとは違いアナログの手帳では電池や電波の強弱や充電切れは気になりません。

　手帳には次の４つの力があります。

1 先々までスケジューリングできる
2 すばやく記録・メモをできる（メモをすれば忘れてもＯＫ！）
3 仕事に集中できる
4 モチベーションアップができる

　皆さんの仕事をデザインしてくれる最強のツール、それが手帳です。

軽い、頑丈、書きやすい

　自分好みの手帳に出会うことは「仕事のパートナー」との出会いと同じです。

1 数字・罫線が読みやすい
2 紙の厚さがほどよく書きやすい
3 鞄に入れても大きすぎず重くない

　毎日使うものなので、手軽で頑丈で飽きがこないデザインであることも、手帳選びの大切な要素です。

モチベーションアップに活用

　ケアマネジャーの仕事は感情労働です。とかくストレスがたまりがちでモチベーションダウンすることもしばしばです。

　まずは睡眠や食事、休憩、体重や血圧なども記録してストレスチェック。

　そして先々のスケジュールに「ワクワクする時間、楽しみな訪問先、元気が出る研修」などを書き込んでおくとモチベーションアップに使えます。

　ＴＯＤＯリストに完了チェックをつける

●手帳を使いこなす7つの必須アイテム

ペン類
消すことができるフリクションボールペンが便利。
シャープペンシルもよい。太さは0.5mm〜0.7mmで黒、赤、青、緑など数種類の色を
目的別で使い分ける。

付箋紙
付箋紙は幅・色・長さで多様な種類がある。書き込みやすさだけでなく
粘着力もポイント。作業のカテゴリー分けや優先順位、実行の時期など
自由自在に張り直すことができる。

マスキングテープ
メモを書いた紙や名刺、写真などを手帳に貼る。貼り直しもできるのでとても便利。
訪問先でカレンダーや壁にメモや次回の訪問日を書いて貼っておくなど用途は無限。

修正液
ボールペンなどの書き直しには修正液が便利。
細字対応のペンタイプもあるがテープタイプがベター。

マーカー
業務別、目的別に色別マーカーで色分けすると「ひと目」でわかる。
消すことができるフリクションタイプもある。

インデックス
手帳を自分流にカスタマイズしたいならインデックスがおススメ。
検索性が抜群に向上する。

スタンプ類、シール類
重要度や作業内容（例：会議、食事会）、作業の完了時（例：済、〇、◎）などを
スタンプやシールを使って見える化。

資料：「ケアマネジャー手帳2018」（中央法規出版）

だけで「ささやかな達成感」が得られます。自分好みの写真なども表紙カバーに貼って「マイ手帳」をつくって仕事力を高めましょう。

PART 1

5

ケアマネジャーの服装と持ち物

❶ 身だしなみ、見た目に気を遣おう

見た目が9割→第一印象が大切

「人は見た目が9割」と言われるように多くの人は見た目の第一印象で相手を判断します。ケアマネジャーはさまざまな利用者（家族）に会うだけでなく、サービス事業所の専門職や医療チームと打ち合わせの機会がたくさんありますが、そこでの第一印象が、その後のやりとりや関係に影響を及ぼします。

ここでのポイントは次の3つです。
「❶清潔感」「❷信頼感と責任感」「❸好感度」

服装はTPOと3つのポイントを意識する

服装はTPOです。その時間・季節（Time）と場所（Place）と場合（Occasion）を意識してコーディネートします。

1 清潔感

清潔感のある「身だしなみ」とは、洗濯は当然のこと、服やハンカチのしわや折り目の有無にも注意が行き届いているものです。靴下や靴も見られているので足元の汚れやクスミには要注意です。

2 信頼感・責任感

信頼感・責任感は表情や動作・所作が影響します。名刺の出し方やもらい方、並べ方なども相手から見られています。

きびきびした動き、伸びた背筋、緊張感のある「やわらかい所作」が印象に影響します。また、首からさげる「ネームホルダー」は所属と資格・肩書がわかるアイテムなので大切に扱いましょう。

3 好感度

好感度とは「親しみやすさ」です。派手な髪型や過度な化粧やアクセサリーはNGです。過度に若さや元気さを押し出すのも注意しましょう。服装も原色系はなるべく控え、季節感も意識しましょう。

●ケアマネジャーの服装と持ち物

髪型
髪が散らばらないようにまとめる。

化粧
利用者（家族）との距離は１ｍ。派手にならずナチュラルメイクで。

爪のネイルは華美過ぎないように！

スカート等
スカート丈は膝が隠れるほど。ストッキングは黒や柄ものはＮＧ。

整容
髭は毎朝剃り、濃いめの人なら１日２回。伸ばすなら小まめに手入れを！

バッグ
貴重な書類が入っているのでファスナー付きは必須。

靴
履き古したヨレヨレはＮＧ。スポーツシューズは避ける。

髪型
長髪は控え清潔感のある髪型で。整髪料は強い香りは控える。

上着
フケやホコリがないか要チェック。

ズボン
折り目に配慮。ジーンズはＮＧ！

＋αを配慮しよう！

見た目：「濃い、派手」に注意！
・化粧：仕事の時の化粧品類や化粧パターンを決めておくと悩まなくていいでしょう。
・髪型：利用者（家族）にどのような印象に見えるかでいくつかのパターンを決めておく。
・アクセサリー：ブローチ、ネックレス、ピアスは基本的にははずし、身につける場合は控え目なものにしましょう。

におい：「臭い」に注意！
・香水：香水は好みがあるのでつけないのがよいでしょう。
・タバコ：タバコ臭は衣服につきやすいので、仕事中は控えましょう。
・体臭：体臭は汗が主ですが加齢臭もあります。即効性のスプレーなどを使いましょう。
・口臭：口臭がきついと印象がダウンします。小まめな歯磨きや口臭スプレーを使いましょう。

眼鏡：「色と厚さ」に注意！
眼鏡はおしゃれアイテムとしても人気ですが仕事では印象に大きく影響します。
・フレーム：色や柄で派手なものは避けます。厚さも比較的薄めがおススメです。
・レンズ：基本は透明です。薄い赤やピンク、グリーンも仕事では控えたほうがよいでしょう。

❷ 訪問時のカバンの必須アイテム

　カバンの中の「必須アイテム」はその日の訪問目的に合わせて事前に準備しますが、車で移動する場合は、車にアイテム一式を積んでおけば、訪問先でカバンに必要なアイテムを詰め替えることもできます。

1 いつも入れておきたいアイテム
　どのような訪問でも次のアイテムは必ずカバンに入れておきましょう。
- 名刺入れ　・筆記用具類　・メモ用紙
- 手帳　・手鏡　・朱肉　・携帯電話
- ネームホルダー　・クリアファイル

など

2 インテークアイテム
　インテーク訪問では次のアイテムをカバンに用意して訪問します。
- 制度・サービスのパンフレット
- 所属する事業所のパンフレット
- 各種申請書類
- 重要事項説明書、契約書類
- 利用者基本情報書類

など

3 アセスメントアイテム
　アセスメント訪問では次のアイテム類を用意して訪問します。
- アセスメントシート
- 住宅地図　・メジャー　・温湿度計
- デジタルカメラ　など

4 サービス担当者会議アイテム
　サービス担当者会議には次のアイテムを用意して臨みます。
- ケアプラン1〜3表
- 課題整理総括表
- アセスメントシート
- 福祉用具パンフレット
- サービス事業所・保険外サービスのパンフレット
- 医療機関情報　・ボイスレコーダー

など

5 モニタリングアイテム
　モニタリングには次のアイテムを準備して訪問します。
- モニタリングシート　・メジャー
- 温湿度計　・体温計　・デジタルカメラ

など

6 いざという時のアイテム
　ケアマネジャーはさまざまな住環境の家を訪問します。また季節によって雨や雪が降る時に訪問しなければいけないこともあります。感染症の利用者（家族）宅を訪問することもあります。「いざという時のアイテム」は「心強い味方」です。
- スリッパ　・替えの靴下　・カイロ
- マスク　・カーペットクリーナー
- ひんやりシート　・ライト
- レインコート　・消臭スプレー　など

●場面ごとの必須アイテム

いつものアイテム

サービス担当者会議アイテム

インテークアイテム

モニタリングアイテム

アセスメントアイテム

いざという時のアイテム

7 あると安心なアイテム

　複数の訪問先を回るため、訪問先に迷惑がかからないように、訪問後に除菌ジェルやウエットティッシュで両手や車のハンドルなどを拭きます。

　利用者（家族）への説明用にトロミ剤や薬カレンダー、尿取りパッドなどの実物（試供品）があると喜ばれます。また衣服が便などで汚れている時にビニール手袋は便利です。

- ・除菌ジェル　・ウェットティッシュ
- ・薬カレンダー　・トロミ剤
- ・尿とりパット　・ビニール手袋
- ・殺虫剤　・虫よけスプレー　など

PART 1
6 ケアマネジャーの働く職場

❶ 働く現場は「地域」そのもの！

　皆さんが働く「現場」、それは利用者が暮らす「地域」です。地域には特徴があります。住宅地から商業地域、農村部、工場エリアさらに中山間部や沿岸部まで、それぞれに「土地柄」があります。

　それに利用者の「自宅」も多様です。
- 一戸建て(自己所有、借家)
- 分譲・賃貸マンション
- 団地(都営、県営、市営など)
- 集合住宅(一般向けアパート、高齢者向けアパート、サービス付き高齢者向け住宅：サ高住)

　住まい方も「一人暮らし、老々世帯、子世代同居、二世帯同居、三世代同居」までさまざまです。

　移動手段は地方なら車を利用し、都市部ならば徒歩や自転車、バスや電車、バイクで移動をすることになります。

　一方、活躍する職場は増えています。
- 介護施設(特養、老健)
- 介護付き有料老人ホーム
- 居住系施設(住宅型、サ高住等)
- 認知症グループホーム
- 小規模多機能型居宅介護
- 地域包括支援センター
- 民間の相談センター等

　スキルアップは研修や自己学習で行えますが、思い切って施設での支援（介護施設など）や地域包括支援センターなどに「キャリアチェンジ」をして、仕事をしながらケアマネジメントのスキルアップをはかるというやり方も1つの方法です。

　また、今後は民間企業の介護相談センターなどで働く機会も増えることでしょう。

❷ 地域で働くケアマネジャー！

団地の4階までの階段を必死で登る

商店街を自転車で走る

近所の人に見守りをお願いする

軽自動車で田んぼの中を疾走する

クリニックで医師とやりとりする

利用者宅でサービス担当者会議をする

❸ 在宅以外で活躍できる現場

特別養護老人ホーム

一般に「特養」と呼ばれ、原則として要介護3〜5の人が対象です。特養には「終の住処」として100歳以上の方や重度の認知症の方、措置入所など、複雑な事情を抱える入所者も少なくありません。「本人らしさ」を尊重し、生活支援の視点から専門的なケアを包括的にマネジメントします。

これからは看取りケア、認知症ケアのケアマネジメントが求められています。

老人保健施設

一般に「老健」と呼ばれ、入所者はリハビリテーションや看護などの「医学的管理」と「介護」を必要とする方たちです。

入所期間は3〜6か月間が基本で、「在宅復帰」のため心身機能と生活機能の改善・向上を目指したケアマネジメントを行います。スムーズな在宅復帰を目指し「お試し退所」や住環境整備への提案などを担当のPT・OTと連携して進めます。

介護付き有料老人ホーム

施設が掲げる理念とコンセプトとケアサービスに納得して高額の入居一時金や月々の入居料を払う入居者はいわば「消費者（顧客）」であり、顧客満足度に見合うケアサービスの提供が求められます。入居者のニーズやこだわりを丁寧に聴き取り、「満足度の高いサービス」提供のために保険外サービスなどもマネジメントします。

認知症グループホーム

認知症グループホームで提供されるケアは、家庭的な雰囲気の中で「なじみ」を

キーワードに提供されます。ケアマネジメントは「本人らしさ」と「できること（できそうなこと）」に着目し、利用者本人が「ケアに参加する」視点をもって進められます。周辺症状にも配慮し、こだわりや楽しみを尊重して役割づくりを目指します。

地域包括支援センター等

「主任介護支援専門員」になるには５年以上の経験と研修が条件です。支援困難ケース対応や地域のケアマネジャー支援、サービス事業所支援を行います。すぐに働きたいなら介護予防プランを担当する「介護予防プランナー」も選択肢の一つです。市町村の介護保険課に所属し「認定調査員」になるのもよいでしょう。

小規模多機能型居宅介護

小規模多機能型居宅介護では「通い、訪問、泊まり」で利用者の24時間365日を支えます。この３つの機能を支えるのは「なじみの人（介護スタッフ）」たち。利用者（家族）をじかに支えます。包括報酬なのでオーダーメイドのケアサービスを組み立てることができ、ケアプランやケアサービスの調整もすぐにできるのが強みです。

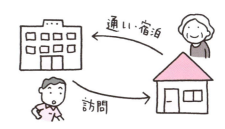

居住系施設（住宅型有料老人ホーム、サ高住）

居住系施設の住宅型有料老人ホームとサ高住は「生活支援サービス付きの住まい」です。要介護の入居者は外部の在宅介護サービスを利用します。同一建物内（敷地内含む）の事業所に限定せず、在宅時に利用していた事業所の継続利用のように、利用者本位の立場から「最適・最善の事業所」をケアマネジメントします。

民間機関や企業の相談センター

民間の機関（例：労働組合）や企業（例：生命保険会社）で「介護相談」を担当するケアマネジャーとして働くというのもこれから期待される役割であり、選択肢の１つです。

PART 1

7

ケアマネジャーの法定研修

法定研修はスキルの「標準化と底上げ」

　ケアマネジャー試験に合格しても実践的なケアマネジメント力が備わっているわけではありません。実務研修を経て専門職として自己学習を行い研鑽することで質の高い相談支援が可能となります。

　法定研修はケアマネジャーの「スキルの標準化と底上げ」を目指すものです。

　介護支援専門員証（以下、「証」）の期限は5年間です。更新時期がやってくる前に、または有効期限内に介護保険法等に定める研修を修了する必要があります。実務経験の有無や研修受講履歴に応じて、どの研修を受ければよいかが決まっています。

実務従事者(経験者)向け

・**専門研修(任意)**

　課程Ⅰ（56時間）：対象者は、就業後6か月以上の実務従事者。就業後3年以内の受講が望ましい。

　課程Ⅱ（32時間）：対象者は、就業後3年以上の実務従事者。

・**更新研修**

　更新1回目（56時間＋32時間）

　更新2回目以降（32時間）・

　証の有効期間内に業務に就いたことがあり、証が概ね1年以内に満了する人が対象。

実務非従事者(未経験者含む)

・**更新研修**

　有効な証を所持している人で有効期間満了までに実務経験がない人が対象です。

・**再研修(54時間)**

　登録後5年経過または過去5年間実務に従事していない人（有効な証を不所持の人）で、新たに証の交付を希望する人が対象です。なお、法定研修は、原則として登

❶ ケアマネジャーの養成の全体像

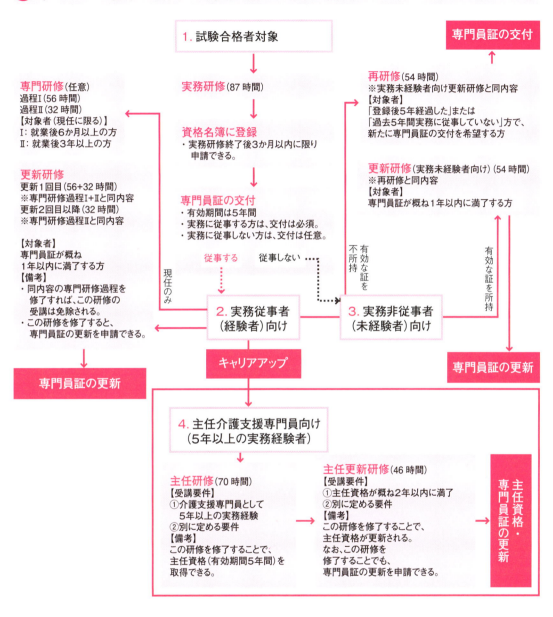

録都道府県で受講しなければいけませんが、やむを得ない事情がある場合は、他の都道府県で受講することもできます。

実務経験が5年以上となったら「主任介護支援専門員」を目指しましょう。こちらも5年ごとの更新となっています。

❷ 研修管理シート：実務研修

研修管理シートの使い方

ケアマネジャーの研修は経験年数と現任の有無で体系化されています。
- 実務研修（前期・後期）
- 専門研修（専門課程Ⅰ・Ⅱ）
- 主任介護支援専門員研修
- 主任介護支援専門員更新研修

これらの研修は多様なテーマが「講義、演習（事例研修、スーパービジョン）」で構成されているのでとても複雑です。この研修管理シートはこれまでの「学びのステップ」を知るだけでなく「振り返り」として使うことで自己評価と再学習の動機づけに使えます。研修はスタートです。自己学習・自己研鑽を続けることでこそ「プロフェッショナルな仕事」ができるケアマネジャーを目指すことができるでしょう。

前期

	研修科目（新・介護支援専門員実務研修）	時間
講義	介護保険制度の理念・現状及びケアマネジメント	3
	ケアマネジメントに係る法令等の理解	2
	地域包括ケアシステム及び社会資源	3
	ケアマネジメントに必要な医療との連携及び多職種協働の意義	3
	人格の尊重及び権利擁護並びに介護支援専門員の倫理	2
	ケアマネジメントのプロセス	2
	実習オリエンテーション	1
講義・演習	自立支援のためのケアマネジメントの基本	6
	相談援助の専門職としての基本姿勢及び相談援助技術の基礎	4
	利用者、多くの種類の専門職等への説明及び合意	2
	介護支援専門員に求められるマネジメント（チームマネジメント）	2
	ケアマネジメントに必要な基礎知識及び技術	
	1　受付及び相談並びに契約	1
	2　アセスメント及びニーズの把握の方法	6
	3　居宅サービス計画等の作成	4
	4　サービス担当者会議の意義及び進め方	4
	5　モニタリング及び評価	4
実習	①居宅の利用者についての一連の書類の作成実習	おおむね3日程度
	②ケアマネジメントプロセスの見学実習	

後期

	研修科目	時間
	実習振り返り	3
	ケアマネジメントの展開	
講義・演習	1　基礎理解	3
	2　脳血管疾患に関する事例	5
	3　認知症に関する事例	5
	4　筋骨格系疾患及び廃用症候群に関する事例	5
	5　内臓の機能不全（糖尿病、高血圧、脂質異常症、心疾患、呼吸器疾患、腎臓病、肝臓病等）に関する事例	5
	6　看取りに関する事例	5
	アセスメント及び居宅サービス計画等作成の総合演習	5
	研修全体を振り返っての意見交換、講評及びネットワーク作り	2
	合計	87時間

❸ 研修管理シート：専門研修

・専門課程Ⅰ

	研修科目（専門課程Ⅰ）	時間	日時	場所	修了済み
講義	介護保険制度及び地域包括ケアシステムの現状	3			
	対人個別援助技術及び地域援助技術	3			
	ケアマネジメントの実践における倫理	2			
	ケアマネジメントに必要な医療との連携及び多職種協働の実践	4			
	個人での学習及び介護支援専門員相互間の学習	2			
講義・演習	ケアマネジメントにおける実践の振り返り及び課題の設定	12			
	ケアマネジメントの演習				
	1 リハビリテーション及び福祉用具の活用に関する事例	4			
	2 看取り等における看護サービスの活用に関する事例	4			
	3 認知症に関する事例	4			
	4 入退院時等における医療との連携に関する事例	4			
	5 家族への支援の視点が必要な事例	4			
	6 社会資源の活用に向けた関係機関との連携に関する事例	4			
	7 状態に応じた多様なサービス（地域密着型サービス、施設サービス等）の活用に関する事例	4			
	研修全体を振り返っての意見交換、好評及びネットワーク作り	2			
	合計	56			

研修の目的：専門研修は介護支援専門員の実務従事者で、就業後6か月以上が研修受講対象者となる。当該研修は、専門的知識・技術を習得し、その専門性を高め、多様な疾病や生活状況に応じて医療との連携や多職種協働を図りながらケアマネジメントを実践できる知識や技術を習得し、もって介護支援専門員としての資質の向上を図ることを目的として実施される。

・専門課程Ⅱ

	研修科目（専門課程Ⅱ）	時間	日時	場所	修了済み
講義	介護保険制度及び地域包括ケアシステムの今後の展開	4			
講義・演習	ケアマネジメントにおける実践事例の研究及び発表				
	1 リハビリテーション及び福祉用具の活用に関する事例	4			
	2 看取り等における看護サービスの活用に関する事例	4			
	3 認知症に関する事例	4			
	4 入退院時等における医療との連携に関する事例	4			
	5 家族への支援の視点が必要な事例	4			
	6 社会資源の活用に向けた関係機関との連携に関する事例	4			
	7 状態に応じた多様なサービス（地域密着型サービス、施設サービス等）の活用に関する事例	4			
	合計	32			

研修の目的：専門過程Ⅱは、介護支援専門員の実務従事者で、就業後3年以上が研修受講対象者となる。当該研修は、主体的に個別支援ネットワークづくりや事例に応じた支援方法・内容の改善を行える力を養うことを目的として実施される。
研修の準備：専門研修Ⅰ・Ⅱ、主任介護支援専門員研修、更新研修ともに実践事例の提出等の事前準備が必要となり、事例作成について整理する必要がある。事例の提出資料は各都道府県によって異なる。

Part 2

ケアマネジメント業務

PART 2

1 受付（電話、来所）

❶ 相談を丁寧に受け付ける

利用者との最初の「出会い」である「受付」では、来所は少なく、多くは電話です。利用者（家族）は、地域包括支援センターや市区町村の介護保険課で居宅介護支援事業所の一覧をもらい電話をかけてきます。

まず、基本事項を聴き取ります。
- 利用者の名前、住所、連絡先、相談者の名前
- 相談の内容（主訴）

これらを相談受付用紙（相談受付票）に記入します。利用者（家族）の中にはいきなり本題に入ろうとする方もいます。冷静に落ち着いて基本情報を聴き取ります。

CM「なにをご覧になったり、どなたかに紹介されて電話をされましたか？」

事業所一覧表、地域や知人の口コミ、インターネットなどの「経路」を聴き取ることで本人の情報量を推測します。

介護保険に関連する本もずいぶんと増え、いきなり「○○サービスを使いたい」と切り出す人もいれば、不安を話す家族もいます。それらは丁寧に傾聴しましょう。そして、サービスを利用するには利用者（家族）の状況を把握し、契約をしてケアプランを作成する必要があることを説明し、自宅に伺う日程を決めます。

電話での「出会い」は丁寧に

利用者（家族）はさまざまな事情を抱えて電話をしてきています。まず、電話での応対の仕方があなたの居宅介護支援事業所の印象に大きく影響します。

（1）誠実な明るい声で対応

CM「はい、居宅介護支援事業所Aのケアマネジャーの○○と申します」

● 電話での受付

相 「もしもし、私は佐藤といいます。親の介護の事で電話をしました」
CM 「ご両親の介護に関する事ですね。では、私がお話を伺います」
氏名と職名を伝えて話を始めます。

(2) 詳細な話を聞く了解をとる

CM 「では、詳しくお話を聞かせてくださいますか……」
CM 「今詳しく伺うお時間をいただいてよろしいでしょうか？」
「相談受付票」を用意し、氏名・年齢・住所・介護認定の有無・連絡先を書きます。

電話で「状況」を把握する

相談者とのやりとりから「状況」を把握します。相談者は困っている事や聞きたい事を中心に話しがちです。「５Ｗ１Ｈ」だけでなく、「１Ｗ（Wish：思い、願い）」と「１Ｒ（Result：結果）」まで聴き取りましょう。また、やりとりの合間に「あいづち」を入れましょう。

・そうなんですか
・それからどうなりましたか。
・そういうご事情だったんですね。
・それはつらかったですね。

相 「母は食事をつくらなくなり、一日ボーっとすることも多いです。足がふらつき、伝い歩きがやっとです。失禁もあり、診察を受けたら介護保険を申請したほうがいいと言われました」

●電話で確認すること

❷ 経緯の聴き取りと訪問の提案、電話対応の留意点

「困り事」を聞き、「ねぎらい」を伝え、「希望」を把握する

　介護保険を申請した経緯を聴き取ります。続いて相談者から今の状況を聴き取る中に「ねぎらいの言葉」を折りこみます。
CM「○○様の状況はよくわかりました。本当にいろいろとご苦労があったと思います」
　そして、今困っている事、相談したい事を聴き取り確認します。
CM「では、今、特にお困りの事は○○ということでよろしいでしょうか？　他にありませんか？」

　困り事を要約した後に確認の問いかけをすることで「本当に困っている事」が語られることがあります。
　次に希望（意向）を聴き取ります。
CM「ご希望を聞かせていただけますか？」
　希望を聞いたら「復唱」をします。箇条書き風に整理するとよいでしょう。
CM「1点目は○○、2点目は△△、3点目は□□でよろしいでしょうか」

「訪問」の提案をする

　相談者が利用者本人ではない場合、本人と家族等それぞれに「主訴」を聴き取らな

くてはいけません。介護保険の利用の意思を確認し、前向きに検討したい意向なら「訪問」を提案し、日時を決めます。

電話の終わりに「訪問時に行うこと」を伝えます。

CM「訪問した際に、介護保険制度の説明、介護保険サービス利用の流れ、重要事項説明書の説明、各種契約行為をさせていただきます」

なお、ファクスがあるなら、「訪問時に行うこと」をメモ書きしたものを後ほど送信することもよいでしょう。

電話で聴き取る際の留意点

（1）「聞こえのレベル」を確認する

相談者は高齢者の場合も多く、電話では「聴き取りづらい」ことが双方で起こりがちです。まずは「聞こえのレベル」を確認しましょう。ただし「聞こえていますか？」と直接尋ねるのは失礼にあたることがありますし、先方の声が聴き取りづらい、滑舌が悪いことも想定されます。

CM「私の声はこれくらいでよろしいでしょうか？」

（2）「理解度」を確認しながら進める

相談者によって理解度に差があります。また相手の理解度を無視した一方的な質問は尋問のようになり印象はよくはありません。それに相談者も「自分が話している内容がどれほど伝わっているか」が不安だったりするので、相手の話の合間に意識的に「反復」しましょう。

CM「ご主人が転倒され玄関まで歩くことができないので、お医者さんの勧めもあり介護保険を申請されたのですね」

質問が伝わらない場合は言い換えます。
例）申請する→届ける、申し込む
　　転倒する→転ぶ　　認知症→呆けた

（3）「関係」を確認しながら進める

「電話をかけてきた人が利用者本人とどのような関係なのか」は大切な情報です。遠方に住む家族が心配してかけてくる場合もあれば50代の女性でも「娘」の場合と「嫁」の場合があります。

CM「失礼ですが、ご本人とはどういうご関係ですか？」

手元で簡単なジェノグラムを書き、家族関係の中での「立ち位置」をメモ書きしましょう。

（4）本人の「同意」を確認する

介護保険の相談といっても、家族が利用者本人に了解を得ずに電話をかけてくることもあります。家族の話す内容も個人情報です。相談に入ってから早めのタイミングで本人の同意の有無を確認しましょう。

CM「私どもの事業所に電話をかけるということをご本人は了解されていますか？（ご存知ですか？）」

同意がないならその理由を含めて事情を聴き取ります。

PART 2

2 インテーク（初回面接）

❶ インテークの心構え

インテークの目的

インテーク（初回面接）の目的は、利用者（家族）との「信頼関係づくり」です。電話や来所で相談をした利用者（家族）はさまざまな不安と期待を抱えています。いきなり介護サービスの説明を求める人もいるでしょう。インテークの場面では、その不安を共感的に聴き取り、一つひとつに丁寧に応え、信頼関係を構築します。

（1）利用者（家族）が抱える不安（例）
- 介護保険はどうやったら使えるか
- 介護サービスには何があるか
- ケアマネジャーは何をしてくれるのか
- 自分が介護をやれるのか
- 仕事をどうやって両立させればよいか
- どれくらいの費用がかかるのか

（2）利用者（家族）が抱える期待（例）
- 介護保険でなんとかできる
- 信頼できるケアマネジャーだといい

これらの不安や期待がすぐに利用者（家族）の質問につながるわけではありません。相手の不安や期待を引き出すために、こちらからの質問を工夫しましょう

CM「介護サービスはいくらかかるか、不安に思われたことはありませんか？」

CM「サービスを利用することでどのようなことを期待されていますか？」

初回面接の準備

初回面接で行うことは次の5つです。
1 居宅介護支援事業所の紹介
2 介護保険制度の考え方と仕組みの説明
3 介護サービスとケアマネジャーの役割

● インテークの準備

4 重要事項説明書の説明と各種の契約行為
5 要介護認定までの経緯、現状と今の不安、これからの期待や意向の聴き取り

　初回面接時に扱う書類はたくさんあります。最低限一人分をセットし、できれば複数セットを準備しておきましょう。

(1) 訪問前の「下調べ」をする

　訪問の日が決まったら利用者宅の住所を調べ、地図やネットでおおよその場所を確認します。航空写真ならば集落や道路、山林や河川がリアルに把握できます。

　訪問先に駐車場があるかどうかも大切なチェック項目です。ただしケアマネジャーの訪問を近隣には隠したい利用者（家族）もいます。訪問にあたり「車で伺ってもよいか」を確認しましょう。遅刻は厳禁です。途中、渋滞に巻き込まれることも想定し、早めの行動を心がけましょう。

　なお、慣れないうちは事業所の先輩と一緒に訪問したり、先輩の初回面接からアセスメント訪問に同行し、**事前体験**することも検討しましょう。

(2) 訪問時の「持ち物」

　必要な書類一式は、訪問のテーマごとにリスト化をしておきます。前日に準備し、当日に再確認する習慣をつけましょう。

❷ 利用者宅を訪問する

「仕事上の私」をコーディネート

　ケアマネジャーは利用者（家族）だけでなくさまざまな専門職や医療関係者に会うことになります。

　その時、大切になってくるのは「第一印象」です。「見た目」で好印象を持たれるかどうかは関係づくりの基本です。

　では見た目、印象とはなんでしょう？
・表情、髪など　・服装、小物、持ち物
・姿勢、態度、動作　・声、話し方

　仕事上での行き過ぎた「個性の演出」はよい印象とはなりません。「信頼感、安心感」を基準に「仕事上の私」をコーディネートしましょう。

表情、髪は「明るく健康的」が第一

　利用者（家族）は、まずあなたの顔を見ます。顔は概ね「表情と髪」で印象が決まります。明るく微笑んだ表情で挨拶しましょう。聴き取りの場面ではつらい状況や不安について話されます。その時は暗い表情とならずに**真剣な**表情で聴きます。

　また、「髪」は清潔感が表れるようにしましょう。うつむいた時に髪が前に垂れると表情が見えず印象はよくありません。女性の長い髪はまとめ、男性は整髪料を使い整えましょう。また、整髪料は無香料のものがよいでしょう。

　表情と髪以外で印象に影響するのが「お化粧と髭」です。お化粧は「相手への気遣いの表れ」です。派手さは避け、明るく健康的な印象にしましょう。ピアスははずし、ネイルや香水は控え目にします。

　男性は毎朝髭を剃り、伸ばしているなら手入れをしっかりとします。髭が濃い人はお昼の休憩時に剃ることをお勧めします。

　Part1❺でも触れましたが、眼鏡は印象を一変させます。分厚い眼鏡の縁、赤や分厚い黒やべっ甲のフレームなどは「威圧感」が増します。仕事用の眼鏡をつくるかコンタクトレンズにするのがベターでしょう。

　それから、利用者（家族）と30㎝〜1ｍの至近距離でやり取りをするので鼻毛や口臭、体臭には特に注意します。

服装は「ケアマネジャーの私」をコーディネートする

（1）服装

　服装の基本は「清潔感」です。制服であってもアイロンがけがされていないと「だらしない印象」となります。袖口や襟が汚れていないことは基本です。

　派手な服装や色合いはNGですが、地味

●ONとOFFでメリハリをつける

すぎると存在感が薄くなり、信頼感が下がることもあります。

　自分で「派手、地味」は意外と判断できないので、周囲の人に感想や意見をもらい、「ケアマネジャーの時の服装」のパターンを決めておくとよいでしょう。

　畳の上に正座をすることも多いので、動きやすくゆとりのある服装がよいでしょう。とはいえ、ジャージ姿を嫌がる方もいるので、注意しましょう。

(2)小物

　アクセサリーやブローチも印象に影響します。基本は「控え目」にしましょう。携帯電話のストラップ類を気にする人も増えました。仕事上の携帯電話に付けるのであれば控え目なものにし、個人用の携帯電話にかわいいキャラクター類を付けているなら「友人（子ども、孫）からもらったので」と一言付け加えるとよいでしょう。

(3)持ち物

　多くの書類を入れるバックは「ファスナー付き」にします。派手な色や柄は避け、黒・紺・茶色などがよいでしょう。

姿勢、態度、動作で「好印象」を！

(1)姿勢、態度

　姿勢や態度も「第一印象」に大きく影響します。基本は背筋が伸びていること。背

中が丸くなる猫背には注意します。

正座が基本ですが、どうしてもつらくなったら「足を崩してよいでしょうか」と断ります。両腕を組む、顎に手を添える、垂れた髪を手でかき上げる、ペン回しなどはNGです。

（2）動作

動作はキビキビと健康的な印象を心がけましょう。動作が遅いと「のろい印象」を与え信頼感を下げます。玄関や居室に入る時は挨拶（「失礼します」）をします。玄関ではすばやく靴を揃えましょう。

リビングや応接室、利用者の居室に通された時に家の中をキョロキョロと見回してはいけません。介護疲れや日々の忙しさから片付けや掃除まで手が回らない家族もいるからです。キョロキョロせずに必要な観察を行います。

座る場所を示されるまでは立って待ち、基本的に下座に座ります。ソファに深く座ると猫背になるので、少し浅めに座ります。和室では座布団にいきなり座らず、勧められるまで待ちます。

聴き取りでは相手と目線を合わせます。少し前かがみの姿勢になる、ひと膝近づくなどの動作は「熱心に聞く姿勢」を示すことになります。

利用者の声が小さく聴き取りづらい場合、相手の口元に耳を近づけるなども大切な「配慮ある態度」です。

「声や話し方」に表れる癖を知る

声や話し方には個性があり体調や感情が表れます。声から「親しみ、落ち着き」などの好印象を得ることもあれば「せわしない、よそよそしい、威圧的」などの悪印象をもたれることもあります。

自分の声や話し方の癖を知り、利用者（家族）にとって「どのように聞こえているか」を知っておくことは大切です。

そのためには、事業所で「面接のロールプレイ」を行い、その様子をビデオカメラで撮影するか、ボイスレコーダーで録音しましょう。再生して、自分がどのような表情で話しているか、どのような声に聞こえるのかを自己覚知しましょう。

（1）声の質

声の質はさまざまです。録音して自分の声の質を知り工夫をしましょう。

- **声の質**：高い声、低い声、弱い声、強い声、しゃがれ声、かすれ声、だみ声、なよなよした声、怒り声など

弱い印象なら強めに話す、ぼそぼそ声ならハキハキと大きめに話す、などは相談援助職としての基本と考えましょう。

（2）話し方

緊張していたり、相手に嫌な印象を持ったり、気分が落ち込んでいたりといったことも声や話し方から伝わるものです。

どの場面でも適切なトーンで話す技術も

● 訪問時の動作やマナー

まず挨拶

キョロキョロしない

勧められるまで待つ

熱心に聞く

相談援助職の専門技術の１つです。挨拶や声がけの発声練習を行い声のコントロールを習慣化しましょう。

- 「はじめまして、居宅介護支援事業所□□のケアマネジャーの○○と申します」
- 「いかがですか？」のフレーズを３パターン（例：気づかう声、励ます声、大変心配する声）で練習する

名刺、携帯電話、頂き物

名刺は名刺入れから出します。定期入れや名札ホルダーから出すのは失礼です。名刺は家族だけでなく利用者本人にも必ず渡し、その際には必ず声に出します。

所属を告げ、氏名はゆっくり大きめの声で読み上げましょう。

携帯電話はマナーモードにし、面接中に電話が入る予定があるなら、あらかじめ利用者（家族）に了解をもらっておきましょう。かかってきたら「失礼します」と席を立ち早めに終わるようにします。

頂き物（例：お茶、お菓子）など、利用者（家族）の心遣いを上手に断るフレーズをいくつか用意しておきましょう。事業所としてどう対応するか、マニュアル化しておくこともよいでしょう。

❸ 介護保険の説明と利用者との契約

介護保険制度の
わかりやすい説明

　介護保険関連本はたくさん出ていますが、それらを読み込んで正しく理解できている利用者（家族）は多くありません。

　利用者（家族）に介護保険のポイントを説明し、正しい知識をもってもらうことで、利用者本位の自立（自律）支援のケアマネジメントが可能となります。説明には市町村が発行している介護保険パンフレットを使うとわかりやすいでしょう。

CM「介護保険制度はどのような仕組みになっていて、どのように利用すればよいかについて説明します」

　次の6つのポイントは必ず説明します。

1 介護を社会で支える仕組み
2 自助、互助、共助、公助
3 利用者本位と自立（自律）支援
4 保険者、保険料、自己負担分
5 介護サービスの種類（在宅、施設等）
6 市町村独自のサービス

介護サービスの種類と
利用の仕方

　利用者（家族）の関心は介護サービスの種類と使い方と費用です。まずは在宅サービス、施設サービス、地域密着型サービスの3種類があることを説明します。

　市町村の介護保険パンフレットに事業所や施設の一覧や位置の記された地図があれば、それを見てもらいながら種類の違いとおおよその費用などを説明するとよいでしょう。また介護保険関連本などを使うのもよいでしょう。

　在宅系では、訪問介護の生活援助と身体介護の違い、通所介護と通所リハビリテーションでのサービスの違い、短期入所はどのような時に使えるか、訪問入浴や訪問看護の利用の仕方、福祉用具の種類と貸与と購入の違い、住宅改修の対象と金額などを説明します。

　施設系では特養・老健・療養病床（介護医療院）の違い、地域密着型サービスでは

CHECK POINT　自立（自律）支援の説明

自立とは「行うこと」です。一方、自律は「決めること」です。自立のお手伝いをするのが介護サービスです。そして自律のお手伝いをケアマネジャーが相談援助の技術を使って行います。

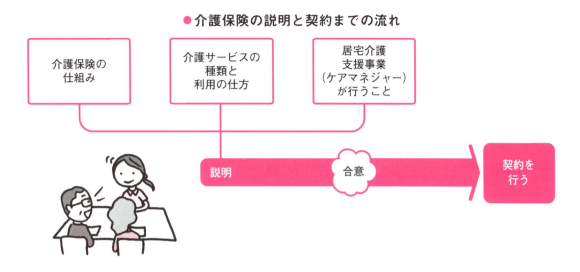

●介護保険の説明と契約までの流れ

認知症グループホームと小規模多機能型居宅介護の特徴、有料老人ホームとサービス付き高齢者向け住宅などの違いも大枠について説明しましょう。

CM「一度で理解するのは大変です。何度でも説明しますのでご安心ください」

居宅介護支援事業所は何を行うのか

介護保険では、サービスの提供にあたり重要事項の文書を使って説明を行い、利用申込者の同意を得ることが原則となっています。

- 居宅介護支援事業所の運営規定
- 介護支援専門員の役割と勤務形態
- 秘密の保持　・苦情への対応窓口
- 事故発生時の対応　など

なお緊急を要する場合は、本人（家族）に説明し、文書が無理なら口頭で本人の同意を得ます。順序が逆になる場合は、その事情を支援経過記録に記載します。

契約を行う

説明を終え同意をもらったら契約を行うのですが、その前に忘れずに介護保険証をご提示いただき、介護度や認定日、認定有効期間について一緒に確認しましょう。

契約書には次のものがあります。

- 居宅介護支援契約書
- 個人情報使用にかかる同意書

そして一緒に「緊急連絡先確認書」を記載してもらいます。契約関係が成立した後、以下の2つの書類に署名・捺印をもらいます。

- 居宅サービス計画作成依頼届出書
- 要介護認定・要支援認定等資料開示請求書
（市区町村によっては署名・捺印不要）

本人の意思を確認し進めます。判断能力が不十分な場合には後見人に依頼します。

❹ 要介護認定に至る経緯の聴き取り

状況把握は「相談面接」の手法を使って行います。アセスメントの第1段階ともいえますが、利用者（家族）への理解と支援関係を深める場面と位置づけましょう。

要介護認定に至る経緯

利用者（家族）は「今、困っている事」を聞いてもらいたいとすぐに話し始めがちです。それでは「経緯」がわからないために主訴中心の支援になってしまいます。そのため、

CM「今回、介護保険を申請された経緯をもう一度おさらいさせていただけますか？」

と問いかけをし、次の順序で聴き取りを進めましょう。

- 「これまで」の暮らしぶり（職業、趣味・楽しみ、一日の過ごし方、生活習慣、家族・地域での役割など）
- 要介護認定を申請される原因となった出来事（疾患、ケガ、事故、障害など）
- 入院・退院の時期、治療の状況、服薬状況
- 主たる介護者の健康度、体力・体調、就労状況、同居・近居・遠居など

聴き取りの合間に「ねぎらいの言葉」をかけ、繰り返し話法で共感的にかかわります。

できる事、困っている事、やりづらい事、不安な事

意向（願い、望み）を聴き取る前に今、できている事や困り事、不安に着目した問いかけをします。

- 「どういう事ができますか」
- 「どのような事に困っていますか」
- 「何がやりづらいですか」
- 「どのような事が不安ですか」

矢継ぎ早に尋ねるのでなく、利用者（家族）のペースに合わせて傾聴します。言い澱んだり、沈黙は「拒否」ではありません。じっくりと寄り添いましょう。

利用者（家族）の一日

介護が必要になってからの一日の生活の流れを聴き取ります。ここで大切なのは「今」だけでなく「これまでの暮らしぶり」です。

CM「今のお身体になる前の一日の生活の流れを教えていただけますか？」

CM「その中でも特につらい事はどのような事でしょうか？」

CM「ご自分なりに大切にしている事、こだわりたい事は何ですか？」

答えにくそうであれば、いくつかの例を示してみるのもよいでしょう。

●経緯等の聴き取り

本人の意向は「if（もし仮に～：仮定質問法）」で引き出す

　ここでの意向は介護サービスの要望ではなく「生活への意向」です。「今とこれまで」を聴き取ったら、次の質問は「これから」に変えます。注意しなければいけないのは、疾患や障害、痛みやだるさで「これまで」のような生活が難しくなっているので、いきなり「これからどうしたいですか？」と質問しても答えられなくて当たり前です。

　ここでは「if（もし仮に～：仮定質問法）」を上手に使いこなしましょう。

CM「もし仮に膝の痛みが軽くなったらどこに出かけたいですか？」

CM「もし仮にお孫さんたちがお盆に帰ってきたら、どんな手料理をつくってあげたいですか？」

「もし～」と仮定することで本人（家族）の心理状態を軽くすることができます。

家族の意向

　家族の意向も「本人にどのような暮らしを送ってもらいたいのか」「家族としてどのようにかかわりたいか、かかわれるか」を聴き取ります。その上で不安な事、障害となる事、就労環境などを聴き取りましょう。

PART 2

3 アセスメント

❶ アセスメント・プロセス

アセスメントの目的

　アセスメントは利用者（家族）の情報を単に収集（把握）することではありません。情報収集で得た「現在」の利用者（家族）の状況と「これまで」の暮らしぶりから、自立（自律）した「これから」の生活への意向と解決すべき課題（ニーズ）を明らかにし、阻害要因を分析し、その解決・達成のための手段（方法）を考える過程（プロセス）です。

　アセスメントの方法には、課題分析標準項目一覧やチェックポイントシート、アセスメントツール（例：MDS-HC方式、全社協方式）などがあります。また課題の抽出には課題整理総括表を使うこともあります（P.56、57参照）。

　アセスメントは利用者にのみ情報収集するだけでは不十分です。同居・近居にかかわらず介護にかかわる家族の心身の状態から家族間の人間関係、介護力・家事力および就労状況も把握しましょう。

　そして居住環境（居室、屋内、屋外）、地域環境（周辺の地理、交通量、近所との距離）などを「総合的に把握」します。

把握した情報の整理

　把握した情報を5つの軸で整理します。
1 している、していない
2 できる、できない
3 できそう、できなくなりそう
4 やりたい、やりたくない（やめたい）
5 危ない・危なくなりそう

　これらに影響している「阻害要因」を明らかにし、解決すべき課題（生活ニーズ）を抽出します。

　課題をケアプランに位置づけるためには次の視点で「優先順位」を付けます。

● アセスメント・プロセスと5つの領域の情報収集

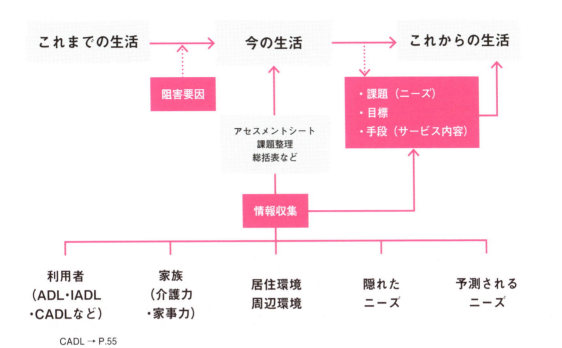

- 利用者が困っている事、望んでいる事
- 本人が意欲的に取り組める事(プラス面に着目)
- 生活ニーズの中で「悪循環をつくり出す原因」となっているもの
- 生命・健康の維持や衣食住などの生活の基本に関係しているもの
- 効果が見込まれるもの(プラス面に着目)
- 生命の危機、権利侵害などリスクが見込まれるもの

隠れたニーズ、予測されるニーズに着目する

利用者(家族)によってはニーズだと自覚されていない場合もあれば、ニーズだが利用者(家族)が隠している(話したくない)という「隠れたニーズ」があります。

また心身の機能低下が進んだり、家族関係の悪化や家族の介護力の低下、夏や冬などの気候の変化や気温差により明らかになる「予測されるニーズ」があります。

これらの「隠れたニーズ」と「予測されるニーズ」に着目したアセスメント視点は重要です。

なお、利用者と家族の間でニーズが相違したり、認識が異なる場合にはできるだけ共通の認識となるように働きかけます。またその内容はアセスメントシートや支援経過記録に記載します。

ケアマネジメント業務

❷ 利用者のアセスメント

利用者の意向（望み）を把握する

　まず、利用者の意思と意向は違うことを押さえておきましょう。意思とは「今どのような気持ちでいるか」という現在の思いです。意向とは「これからどうしたいか、どのようになりたいか」という将来（未来形）への思いです。

　しかし、利用者にいきなり意向を質問しても答えられません。インテーク時にこれまでの暮らしぶりと日常生活での困り事や心配事を聴き取っておき、その流れで「希望する暮らし」「取り戻したい暮らし方」などをアセスメントします。

CM「これからの生活で望むこと、やってみたい事はどういう事ですか？」

CM「自分なりにできる事、できそうな事はなんですか？」

CM「介護サービスやご家族などかかわる人にどのような事を望まれますか？」

　また「仮説質問」で本人の「これからの暮らし」への思いを引き出します。

CM「もし仮に膝の痛みがとれたらどこに出かけたいですか？」

CM「もし仮に〜ができるようになれば、何をされたいですか？」

　ただし、利用者が高次脳機能障害や失語症、認知症のために質問の意味がわからない、理解に時間がかかる、言葉でうまく表現できない時は、表情、目線、しぐさ、身振りに着目し、文字盤や手書きの文字、イラスト、写真を示し、意思を読み取ることも試みましょう。

利用者の「強み」に着目する

　現状を把握するプロセスでは特に「できない事、困っている事」に着目する必要がありますが、一方で「強み（ストレングス）」にも着目しましょう。

CM している：「ご自分で〇〇はされているのですか？」

CM やりたい：「ご自分なりにどういうことがやれるようになりたいですか？」

　利用者の答えに「それはいいですね、そのお気持ちはとてもすばらしいと思います」など、本人の「強み」をケアマネジャーが言葉で表現することで利用者（家族）の「自己評価と自己肯定感」を高めることができます。

アセスメントで活用したい8つ技術

　アセスメントを行う際に効果的な8つの技術があります。意識的に面接に取り入れてみましょう。

●アセスメントで活用できる「8つの相談面接技術」

1 うなずき、あいづち

うなずきには「促す、励ます、共感する、同意する、ほめる」などの効果があります。あいづちと合わせて効果的に用います。

2 わかる言葉で話す

専門用語や法律用語はできるだけ「わかりやすい言葉」に言い換えて話しましょう。(例：転倒→転ぶ、服薬→薬を飲む)

3 反復する

利用者（家族）が話す印象に残る言葉やキーワードを相手に返す技法です。使い勝手がよく効果的です。

4 要約する

利用者（家族）の話を要約（小まとめ）して返すことで、話題がそれず、効果的に進められます。

5 言い換える

利用者（家族）の言葉を「言い換える」ことで、「関心、気づき、展開」の効果があり、話を整理・焦点化ができます。

6 質問する

閉じた質問と開いた質問を交互に使いこなすことで話を深め、広げることができます。

7 感情表出を促す

感情の表出を促し、本人が自分の感情を話し、そこから、本人自身が自分の感情（本音、思い）に気づくことを促します。

8 話題を修正する

それた話題を適切に軌道修正して、聴き取るべき話題に戻す、話題を変える、話題を絞るということを行います。

❸「阻害要因」と「できる可能性」をアセスメントする

認定調査とアセスメントとは違う

　74項目の要介護認定調査はアセスメントではなく「必要とされる介護の量（時間）」を要介護度で示すものです。

　主に日常生活行為（ADL）について、「できる、できない」「自立、一部介助、全介助」で聴き取り、「現在の状態」を評価するものです。なぜそうなっているか（阻害要因）を分析したり、以前の暮らしぶりや生活への意向などを聴き取るわけではありません。アセスメントは課題の改善・解決のために行うものです。

阻害要因だけでなく、できる可能性と手立てを探る

　アセスメントでは、「できない、やりづらい、一部介助、全介助」となっている阻害要因を明らかにします。ポイントは1つの阻害要因が他の生活機能に複合的に影響している視点です。「どのようにしたらできるようになるか（できる可能性）」を考え（見立て）、ケアチームで解決策（手立て）を話し合います。

1 疾患
　疾患は病名だけでなく日常生活にかかわる「症状」を具体的に聴き取ります。服薬状況も大切な情報です。

2 心身の機能障害
　心身の機能障害が日常生活にどのように影響しているかを把握します。

3 体力・体調
　体力低下と体調悪化が日常生活（24時間）にどのように影響しているか。脱水、栄養状態も把握します。

4 意欲・心理状態
　不安や心配事が日常生活や生活習慣にどのように影響しているか。認知症、心理状態、服薬状況も把握します。

5 性格・価値観
　本人の行動や生活に性格や価値観（こだわり、信条）がどのように影響しているかを把握します。

6 生活習慣・楽しみ
　生活習慣の乱れや楽しみの喪失がどのように日常生活に影響をしているかを具体的に把握します。

7 人間関係・家族関係
　家族や近所・知人とのかかわりの低下（喪失）がどのように意欲や日常生活に影響しているかを把握します。

8 居住環境・周辺環境
　居住環境（居室、屋内）や周辺環境が原因でひきこもりや家庭内事故や転倒事故のリスクを上げていないか把握します。

●アセスメント展開図

```
要介護認定調査 ──74項目──→ 要介護度
         (自立・一部介助・全介助)
         (できる・できない)
                ↓
            現在の状態
                ↓
  できない・やりづらい・一部介助・全介助  ＋  できている
```

影響 ← 阻害要因 → 影響

| ❶ 疾患 | ❷ 心身の機能障害 | ❸ 体力 体調 | ❹ 意欲 心理状態 |
| ❺ 性格 価値観 | ❻ 生活習慣 楽しみ | ❼ 人間関係 家族関係 | ❽ 居住環境 周辺環境 |

ケアマネジャーの見立て → どのようにしたら行えるようになるか（カンファレンス） ← 自助・互助 ケアチームの手立て

❹ ADL、IADL、CADL等の把握

ADL（日常生活動作）

　ADLは2つの日常生活行為に分類でき、それぞれ「自分流のやり方」があります。

1 生命活動としての生活行為
「生きるための生活行為」である「寝返り、起き上がり、座位保持、立ち上がり、立位保持、移乗、移動、食事、排泄、睡眠」をアセスメントします。

2 快適さのための生活行為
「快適な暮らしを送るための生活行為」である「入浴、整容、更衣・着替え」をアセスメントします。

IADL（手段的日常生活動作）

　IADLは「暮らしの動作」です。どの動作もなんらかの「道具類」を使います。道具類を使うための心身の機能や操作に支障が出てくると「できない」という状態へとつながっていきます。

1 家事行為（炊事、洗濯、掃除など）
2 社会参加（買物、金銭管理、近所付合い）

　ポイントはIADLには「性差、得意・苦手、好き・嫌い」などが影響することです。動作を身体行為ごとに細分化し、どのようなサポートがあれば維持・改善・向上するかをアセスメントします。

【アセスメントでの質問例】
「もし膝の痛みが楽になったらどちらにお出かけされたいですか？」

「食事ではどのような動作がやりづらくなりましたか？」

【質問例】
「もし遠くまで歩けるようになったら、どちらに買い物に行かれたいですか？」

「料理ではどのような動作がやりづらくなりましたか？」

CADL（文化的日常生活動作）

　CADL（高室成幸提唱）は「楽しみ、生きがい、役割、意欲、貢献」などに着目した新しいアセスメント領域です。本人を意欲的にさせる領域（動機づける領域）であり、CADLを課題設定するとADLやIADLの行為、心身の改善などは「目標」として組み込むことになります。

コミュニケーション、認知機能

　コミュニケーションとは「意思のやりとり」のことです。「話す、聞く、書く、読む」という行為があります。さらに「表情や動作」といった非言語的コミュニケーションもあります。高次脳機能障害や認知症が原因で理解に時間がかかる、話したい言葉が出てこない、考えがまとまらない、白内障や緑内障で文字が読めないという利用者もいますので、疾患や薬の副作用がどのように影響しているかを把握します。

健康管理

　現状の病歴だけでなく、既往歴や入院歴、手術歴を確認します。受診している医療機関（主治医、専門医）と通院の頻度、服薬内容、通院手段なども把握します。専門医（例：眼科、歯科など）、マッサージや整骨院も聴き取り、かかりつけ薬局も「お薬手帳」を見せてもらい確認します。

【質問例】
「これまでどのような趣味や楽しみをもって生活をされてきましたか？」

【質問例】
「会話で『不自由だな』『不便だな』と思われたことがありますか？」

【質問例】
「お薬はお医者さんの指示通りに飲めていますか？」

❺ 課題整理総括表を使いこなす

【阻害要因】欄
- 病疾患名（例：慢性疾患、認知症、難病など）
- 療養環境、健康状態、体力、体調、健康管理状態
- 身体の機能、心理機能、精神状態
- 家族関係、家族環境、近所近隣との関係
- 住環境（居室・屋内）、周辺環境（例：急坂である）、地理的環境（例：中山間地）

【改善／維持の可能性】欄
「見守り、一部介助、全介助」あるいは「支障あり」を選択した項目について、必要な援助を利用した場合に「現在」の状況 が「改善／維持／悪化」のどの可能性があるかについて検討し丸で囲む。

【状況の事実】欄
利用者（家族）へのアセスメントや関係者や他の専門職からの申し送りなどから把握した情報（事実）に基づき、日常的な生活の状況を把握することが目的。「できるかどうか」は考慮せず「しているかどうか」に着目する。

【現在】欄（6つの評価軸）
- 自立：見守りや介助を受けることなく行うことができる
- 見守り：見守りや声かけを受けるが、一連の動作すべてをほぼ支障なく行うことができる
- 一部介助：一連の動作について一部介助を受けることで行うことができる
- 全介助：一連の動作のすべてあるいはほぼすべてについて介助を受けて行為を実施している
- 支障なし：本人の行うことに特段の支障がない
- 支障あり：本人が行うことになんらかの支障がある

【要因】欄
状況の事実の「要因」欄には「阻害要因」欄から選び、対応する要因の「通し番号」を表記する。複数の要因が想定される場合は、複数の通し番号を記載する。一つの要因を解決すれば、複数の困難さを解決できることが予測できる。

課題整[理総括表]

利用者名　　　　　　　　○山○雄 殿

自立した日常生活の阻害要因（心身の状態、環境等）	① 脳梗塞	② 右半身麻痺
	④ 下半身の脚力弱い	⑤ 屋内段差

	状況の事実 ※1	現在 ※2	要因 ※3	改善／維持の可[能性]
移動	室内移動	自立　見守り　(一部介助)　全介助	①②④⑤	(改善)　維持
	屋外移動	自立　見守り　(一部介助)　全介助	①②④	(改善)　維持
食事	食事内容	(支障なし)　支障あり		改善　(維持)
	食事摂取	自立　(見守り)　一部介助　全介助	①②⑥	改善　(維持)
	調理	自立　(見守り)　一部介助　全介助	①②⑥	改善　(維持)
排泄	排尿・排便	(支障なし)　支障あり		改善　維持
	排泄動作	自立　見守り　(一部介助)　全介助	①②④⑤	(改善)　維持
口腔	口腔衛生	(支障なし)　支障あり		改善　維持
	口腔ケア	自立　見守り　(一部介助)　全介助	②	改善　維持
服薬		自立　見守り　(一部介助)　全介助	②	改善　維持
入浴		自立　見守り　(一部介助)　全介助	①②④⑤	(改善)　維持
更衣		自立　見守り　(一部介助)　全介助	①②④	(改善)　維持
掃除		自立　見守り　(一部介助)　全介助	①②④	(改善)　維持
洗濯		自立　(見守り)　一部介助　全介助	①②④	改善　(維持)
整理・物品の管理		自立　(見守り)　一部介助　全介助		改善　(維持)
金銭管理		自立　見守り　(一部介助)　全介助	①	改善　維持
買い物		自立　見守り　(一部介助)　全介助	①②④	(改善)　維持
コミュニケーション能力		支障なし　(支障あり)	③	改善　(維持)
認知		(支障なし)　支障あり		改善　(維持)
社会との関わり		支障なし　(支障あり)	②③④	(改善)　維持
褥瘡・皮膚の問題		(支障なし)　支障あり		改善　維持
行動・心理症状（BPSD）		(支障なし)　支障あり		改善　(維持)
介護力（家族関係含む）		支障なし　(支障あり)	②④	(改善)　維持
居住環境		支障なし　(支障あり)	②④⑤	(改善)　維持
野菜づくり		支障なし　(支障あり)	③④⑤	(改善)　維持

※1 本書式は総括表でありアセスメントツールではないため、必ず別に詳細な情報収集・分析を行うこと。なお「状況の事実」の各項目は課題分析標[準項目]
※2 介護支援専門員が収集した客観的事実を記載する。選択肢に○印を記入。
※3 現在の状況が「自立」あるいは「支障なし」以外である場合に、そのような状況をもたらしている要因を、様式上部の「要因」欄から選択し、該[当番号を記載]
※4 今回の認定有効期間における状況の改善／維持／悪化の可能性について、介護支援専門員の判断として選択肢に○印を記入する。

【備考】欄

ケアマネジャーが判断した根拠を書く。「状況の事実」の「現在」や「改善／維持／悪化」の可能性に関して、補足すべき情報を記入する。「支障あり」ならば支障の内容を書く。「一部介助／全介助」ならばその介助の内容を具体的に書く。また「改善の可能性」を記入する場合は、なぜそう見立てるのかを書こう。

【課題欄、優先順位】

「見通し」を踏まえて抽出された課題それぞれの課題ごとに優先順位を数字で記入する。

【見通し】欄

「これから実施しようとする支援による予測」となる。あくまでもケアマネジャーの「仮説」として記載する。

【課題整理総括表の活用】

アセスメントのプロセスを「見える化」したものが課題整理総括表。阻害要因を整理し、それらが日常生活にどのように影響し、改善・維持の可能性を分析するプロセスを通じて、「見通し」を立てて「解決すべき課題」を抽出する。

理総括表

作成日　　／　　／

備考(状況・支援内容等)	利用者及び家族の生活に対する意向		
音障害 尿病	本人：野菜作りを再開して、道の駅に出荷したい。家族：体重を減らし、脳梗塞の再発を防ぎたい。介護の方法を学びたい。		
備考(状況・支援内容等)	見通し ※5	生活全般の解説すべき課題（ニーズ）【案】	※6
つきがあり、転倒の危険がる	・移動時のふらつきも体重の減少（95kg→85kg）により危険を減らす可能性がある。そのために食生活を改善することが脳梗塞の再発防止にもなる。	体重を10kg減らし、脳梗塞の再発を防ぐ生活習慣を身につける。	①
手でお茶を入れることができる見守りが必要 ンの上げ下ろしに支障あり		妻の介助なくお風呂に入り、身体が洗えるようになる。	③
髪には介助が必要 ン止めには苦労している きを使っての掃除はできる	・ADLの整容、入浴、更衣のアセスメントを行い、福祉用具の活用とリハビリを行うことで改善する可能性がある	一人で着替えができるようになり、彫刻教室に再び通えるようになる。	④
型ショッピングセンターなら買物カートを押すことで歩行が定する 音障害は残るが、かなり聞きれるようになり、本人も意欲である の腰痛が悪化する可能性がる 関などの段差 につまづく危険ある	・定年後に始めた野菜づくりがプロ並みと褒められ、本人の自慢の1つになっている。農作業の道具類を工夫すれば1年後には改善の可能性がある。	野菜づくりを再開して「道の駅○○」の野菜市に出荷する。	②
	・妻は腰痛持ちなので、腰に負担のかからない介護のやり方を身につけたい要望がある。	（妻）寝返りの介助方法を学び、腰の負担を軽減する。	⑤

、必要に応じて追加して差し支えない。
記入する（複数の番号を記入可)。

※5 「要因」及び「改善／維持の可能性」を踏まえ、要因を解決するための援助内容と、それが提供されることによって見込まれる事後の状況（目標）を記載する。
※6 本計画期間における優先順位を数字で記入。ただし、解決が必要だが本計画期間に取り上げることが困難な課題には「－」印を記入。

❻ 家族（親族含む）アセスメント

家族（親族含む）間の人間関係

　ケアチームが家族を支援していくためには、介護家族（親族含む）の生活状況や抱える困難さなどを把握し、多様な支援を行っていくことになります。

　家族の意向や家族の介護への参加には、家族が抱く介護イメージと介護への不安、家族の健康状態や介護ストレスだけでなく、利用者本人と家族が育った環境やこれまでの人間関係が影響します。

【質問例】
「ご家族の中で介護をお願いできる人は他にいらっしゃいますか？」
「お盆やお正月にご家族が集まられる機会はありますか？」

● ジェノグラムの書き方例

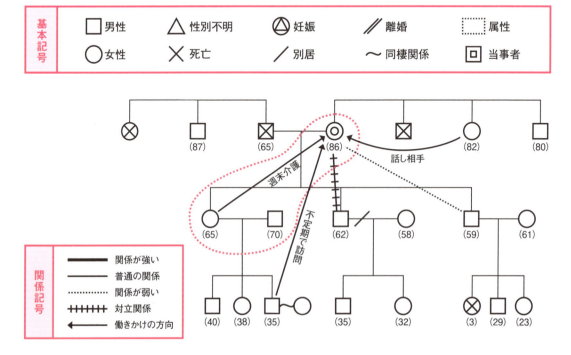

ジェノグラムを書き、家族間の「親密度や葛藤」を見える化しましょう。

家族の介護力

多くの家族は自己流の介護（お世話型、しつけ型、スパルタ型、乱暴な介護）になりがちです。食事・排泄・入浴・移動の介助やベッドからの移乗などがどの程度できるかを把握し、訪問介護や通所介護で介護の技術を学ぶ機会も提案しましょう。

家族の家事力

料理や洗濯、掃除、家の管理、ゴミ出しなどは介護ではなく「家事」であり、一部の女性や多くの男性が苦手とすることの1つです。介護者の「家事力」の向上の意欲を引き出し、介護料理教室などにつなぐ、訪問介護の調理を手伝うことで学ぶなども提案してみましょう。

生活習慣、健康状態、就労状況

介護に不安を抱く理由の1つに「家族の生活リズム」が介護に時間や労力を多くとられて乱れることが挙げられます。その負担は介護スタイル、家族の健康状態、家族人数と介護の担い手の数、そして家族の就労状況によって大きく異なってきます。共倒れや介護離職のリスクを聴き取り、ケアチームで応援することを伝えましょう。

【質問例】
「介護のやり方をプロの人から教わってみたいと思われますか？」

【質問例】
「家事でストレスを感じる事はどのようなことですか？」

【質問例】
「体調を崩された事はありますか？」
「会社には介護をしている事を伝えていますか？」

❼ 居住環境のアセスメント

　生活環境は利用者の自立した暮らしと介護者の介護負担に大きく影響します。要介護となって外出の機会が減ると、住環境が「人生そのもの」となります。バリアの多い居住環境も、福祉用具（例：四点杖、シルバーカー）や住宅改修（例：段差の解消、手すりの設置）の導入で危険を減らし自立した生活を継続することを目指します。

屋内環境のアセスメント

　屋内環境では、「玄関、居間、廊下、トイレ、食堂、浴室、階段」などを観察し、日中と夜間では移動や使用にどのような不便があるのかを聴き取ります。実際に動作を行ってもらい、それを観察し、福祉用具の利用や住宅改修について検討します。

居室環境のアセスメント

　居室は「広さ、採光、冷暖房、空調、室温、照明」だけでなく、動線上に障害物はないか、本人の移動や介助に無理がないかを確認し、無理がある場合、模様替えで対応できるかも検討します。地震や火事などの際の緊急時の避難経路も検討します。

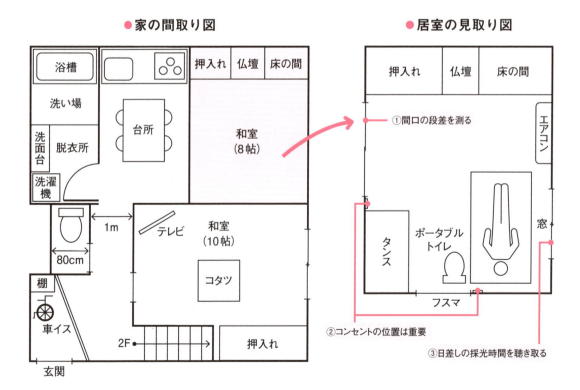

●家の間取り図

●居室の見取り図

①間口の段差を測る
②コンセントの位置は重要
③日差しの採光時間を聴き取る

❽ 周辺環境（地域環境）のアセスメント

　周辺環境（地域環境）は利用者（家族）のIADLや社会参加に大きく影響します。地理的な側面と人間関係（支え合い）の側面でアセスメントします。

家の周囲（近所）のアセスメント

　近所の地理（例：道路幅、交通量、坂の有無）、近所の家や親しい人の家との距離、移動にかかる時間、つきあいの頻度などを聴き取りましょう。季節ごとや天候にも配慮し、周囲の方に見守りを依頼できるかどうかも視野に入れることが大切です。

近隣のアセスメント

　町内会や集落（区・班）において利用者を含むコミュニティが形成されています。単身高齢者世帯、老々世帯、子育て世帯、空き家などを把握します。商店街や郵便局、銀行、コンビニとの距離、ゴミ集積所への距離と移動にかかる時間などを把握し、周辺地図に書き込みます。ゴミの収集や回覧板の状況、町内会の加入の有無も確認します。記録としてデジタルカメラで写真を撮ることもよいでしょう。

●周辺環境のアセスメント

基本記号				関係記号	
★ 当事者	⛩ 神社	✕ 交番	✚ 交叉点	———	関係が強い
● 支援者	✚ 病院	⏚ 水田	✚ 信号	———	普通の関係
■ 民生委員	GS ガソリンスタンド	〟 畑		………	関係が弱い
〒 郵便局	▣ コンビニ	↑ 林		⊦⊦⊦⊦⊦	対立関係
文 学校	卍 お寺	▬▬ 鉄道		←	働きかけの方向

ケアマネジメント業務

PART 2

4 ケアプラン作成（プランニング）

❶ ケアプラン作成の基本

ケアプランの3つの機能

ケアプラン（居宅サービス計画書）とは、アセスメントによって明らかになった利用者（家族）の「これから」の生活への意向と解決すべき課題（ニーズ）に向けて、どのような段取り（長期目標・短期目標）とどのような手段（手立て：サービス種別、サービス内容）で解決・達成を図るのか、その過程（プロセス）を計画書にしたものです。

ケアプランはチームケアの「見える化シート」です。そして個別サービス計画書の「土台」であり、本人と医療サービスや家族、近隣住民、近隣のインフォーマルな支援をまとめた「チームケアのシミュレーションシート」です。

加えて、介護報酬（特別加算含む）計算の根拠となる「介護保険給付の積算シート」という役割があります。

読み手は利用者（家族）を含むケアチームです。「わかりやすい」だけでなく「何に向かって何を行うか」が具体的にイメージできる記載を心がけます。

そのために次の4つを心がけましょう。
- 専門用語をわかりやすい表記にする
- 本人の言葉・言い回しなどを盛り込む
- 具体的な場所は建物名・地名を表記する
- 数値化をする（距離や回数の明記）

プランニングの準備

プランニングを始めるにあたり次の3つを準備します。

1 利用者基本情報

● 白紙のケアプランに「下書き」を行い「清書」はパソコンで

2 アセスメントシートと面接メモ
3 課題整理総括表

「下書き」から始めよう！

　白紙のケアプラン（第1、2、3表）を用意します。作成に慣れていない段階でパソコンで直接作成するのはやめましょう。用意した白紙のケアプランに「手書き」で書いていきます。筆記具は書き直しができる鉛筆かフリクションタイプのボールペンがよいでしょう。

　次のステップで作業を進めます。

1 利用者基本情報と面接メモから利用者（家族）の現状の困り事や不安、これからの生活への意向を取り出し、第1表の「利用者および家族の生活に対する意向」欄に下書きします。

2 アセスメントシートの情報を課題整理総括表で整理します。阻害要因が利用者（家族）の困り事に複合的にどのように影響しているかをまとめ、見通しを立て、課題を抽出し優先順位を立てます。

3 第2表の「生活全般の解決すべき課題（ニーズ）」に転記し、解決・達成のための長期目標・短期目標、サービス内容・種別・頻度をシミュレーションします。

4 第2表の内容を第3表「週間サービス計画表」でスケジュール化します。

5 ケアチームとしてどのように支援していくのかを第1表の「総合的な援助の方針」にまとめます。

6 下書きが書きあがったらパソコンで「清書」をします。慣れないうちは必ず他のケアマネジャーにもチェックをしてもらいわかりやすいか、表記は適切かなどについてアドバイスをもらいましょう。

❷ 第1表の書き方

利用者（家族）の「生活に対する意向（希望）」

意向欄は利用者の不安やつらさ、グチやできない事、希望する介護サービスだけでなく、「本人（家族）が望むこれからの暮らし」をケアチームに伝える欄です。

（1）利用者本人の意向

本人から要介護となる以前の暮らしぶりやかつての仕事・役割・楽しみ（趣味）・社会参加などを聴き取り「これから望む暮らし」を要約して表記します。

記載にあたり、本人なりの「言い回し、方言、場所や建物名、家族・親族の呼び名」などをそのまま表記することで「私のケアプラン」となります。

なお、本人が意思を表せない時には非言語コミュニケーションから読み取ったり、これまでの生活史や生活習慣から想像し、権利擁護の視点で代弁・表記をします。その内容は家族の確認・了解を得て「意向」として記載します。

（2）家族の意向

家族の意向は介護サービス利用の希望ではありません。次の視点で記載します。

- 家族として本人にどのように暮らしてもらいたいか
- 家族として何（例：介護、見守り）ができるか、支え方や担う役割
- 介護サービスの利用で家族の負担や暮らしをどのように改善させたいか

ここで注意したいのは、記載が「主たる介護者」のみとなりやすい点です。かかわる家族それぞれの意向を把握し、書くようにしましょう。

（3）表記にあたっての注意点

- 「家族」ではなく「配偶者、長男・次男、長女・次女」など家族（親族）内での立場を記載する
- さらに、利用者（家族）の了解がとれるなら「配偶者、長男・次男」でなく、**本名と年齢を表記するのが望ましい**（息子、娘は総称なので使わない）。

介護認定審査会の意見およびサービスの種類の指定の表記

被保険者証に記載がある場合は、これを確認して転記します。記載について、あらかじめ市区町村の介護保険課などに照会を行い、その理由などを情報収集しておきましょう。

総合的な援助の方針

総合的な援助の方針は居宅介護支援事業所や担当ケアマネジャーの方針ではなく「ケアチームの方針」です。チームには、

● 第1表の全体像

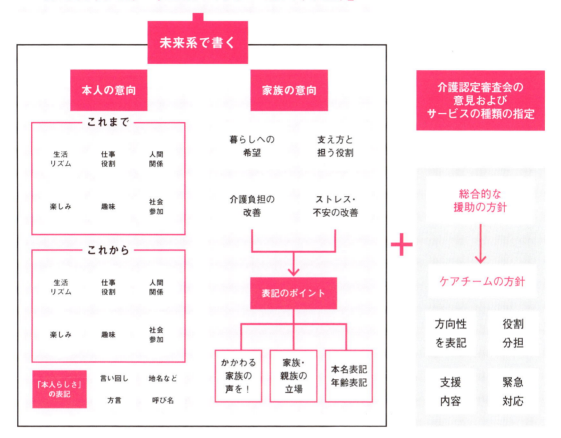

利用者（家族）も含みます。

第2表の課題と目標、サービス内容の方向性や第3表の内容を示したものです。そして個別サービス計画を作成する際のポイントや配慮すべき点、緊急時の対応などのリスクマネジメントの内容を記載します。

〈表記のポイント〉

- **役割分担の表記**：各サービス事業所、医療機関等のかかわり方と役割分担を記載する
- **援助の方針の表記**：全体的な方針は最初の3〜5行で書き、課題別の方向性や方針、サービス別の方向性や方針などを整理して書く
- **緊急連絡先の表記**：主たる介護者、医療機関、かかりつけ薬局などの電話番号とメールアドレス（携帯電話含む）を記載しておく

ケアマネジメント業務　65

❸ 居宅サービス計画書（第1表）の書き方例

第1表   居宅サービス

利用者名　　　○山○雄 殿　　生年月日　　昭和○年○月○日
居宅サービス計画作成者氏名　　○○○○
居宅介護支援事業者・事業所名及び所在地　　○○居宅介護支援事業所
居宅サービス計画作成（変更）日　　平成○○年○月○日
認定日　　平成○○年○月○日　　認定の有効期間　　平成○○年3月2日～

要介護状態区分	要介護1 ・ 要介護2（丸）
利用者及び家族の生活に対する意向	本人（78歳）：半年前に脳梗塞をやってしまって歩くのも不便で始めたキュウリやナス、大根などの野菜作りを再開して、来年にですね。利き手が使えないので、理学療法士の○○先生のご再開したいねぇ。 妻（72歳）：主人は食道楽の人なので血圧も高く脳梗塞になるような大きな体はつらいです。なんとか負担のないやり方があれています。私も週2回はフラダンスをやっているので続けたいで
介護認定審査会の意見及びサービスの種類の指定	特になし
総合的な援助の方針	○雄さんが、今回の脳梗塞で利き手側が不自由になられても、も「これまでの暮らしぶり」や「こだわり」を丁寧に聴き取り、ケをつくり支援していきます。食生活の改善、体重の減少、朝夕持ちなので、ケアチームで分担して、寝返りや食事介助・歩行 緊急連絡先：N.Y（長女）080-300-0000
生活援助中心型の算定理由	1．一人暮らし　　2．家族等が障害、疾病等
居宅サービス計画について説明を受け、内容に同意し、交付を受け付けました。	説明・同意日

【認定日と認定の有効期間】
認定日は要介護状態区分が認定された日（初回申請者は申請日）を記載する。申請中なら申請日を記載する。認定の有効期間は被保険者証を転記する。

【利用者および家族の生活に対する意向】
現状の不安や希望する介護サービスでなく、どのような暮らしや日々の送り方を望むのか、を聴き取って書く。本人（家族）の言葉、言い回しを再現する。

【生活援助中心型の算定理由欄】
生活援助中心型の訪問介護を位置づけるときに記載する。

計画書（1）

| | 作成年月日 | 平成○○年 3月31日 |

(初回)・紹介・継続　　(認定済)・申請中

住所　　○○県○○市○○町1-2-3

○○県○○市○○町3-2-1
初回居宅サービス計画作成日　平成○○年○月○日
平成○○年9月30日

要介護3　・　要介護4　・　要介護5

苦労しています。寝返りが打てないので腰痛持ちの妻に申し訳ないですね。定年後には「道の駅○○」に出荷したいですね（笑）。妻と東北の温泉巡りを来年にはしたい指導でリハビリをがんばって、また趣味の彫刻もやりたいものです。犬の○○との散歩も

りました。まずは体重を減らすことだと思います。私は10年前から腰痛持ちなので夫のば知りたいですね。長女夫婦が市内にいるので、なにかと手伝ってくれると言ってくれすね。

これまで続けてこられた暮らしを取り戻せるよう、私たちは応援していきます。そのためにアチームで「どのようにすれば心身の機能と生活が改善するか」を話し合いプログラムの体操、デイケアでのリハビリなどもがんばりましょう。ご家族が介護の方法に不安をお介助の方法などもお伝えしていきます。

Yeal-000@00000.ne.jp　○○クリニック（主治医）03-0000-0000

3. その他（　　　　　　　　　　　　　）

平成○○年4月17日　　署名・捺印　　○山○雄　(印)

【初回・紹介・継続】
紹介は居宅介護支援事業所や介護保険施設から紹介された場合に記入する。

【認定済・申請中】
申請中とは「新規申請、区分変更申請、更新申請」の3つ。それ以外は認定済みとなる。

【介護認定審査会の意見およびサービスの種類の指定欄】
被保険者証を確認して記載があれば転記する。記載にあたり市区町村の介護保険課などに照会を行い、その理由などを情報収集しておく。

【総合的な援助の方針欄】
主語はケアチーム。ケアチームとして総合的にどのように支援していくのか、方向性と具体的内容を2表の内容を反映させ簡潔にまとめて記載する。緊急連絡先は、主たる介護者、医療機関、かかりつけ薬局などの電話番号とメールアドレス（携帯電話含む）を記載しておく。

Check Point !
1. 本人（家族）の意向が「本人（家族）らしい言葉や言い回し」で記載されているか
2. 家族の表記でなく「夫・妻、長男・長女」となっているか
3. 総合的な援助の方針が「ケアチームの方針」となっているか

❹ 第2表の書き方

生活全般の解決すべき課題（ニーズ）を優先順位で設定

「生活全般の解決すべき課題（ニーズ）」はケアチームが「共通の課題」として取り組めるものでなければいけません。

課題は「目指す、改善する、向上する」の3つの領域で整理しますが、90歳代の要介護高齢者や重度の要介護者であれば「**維持する課題**」にも着目しましょう。

課題設定は「ADL」だけでなく「IADL、CADL、疾患・健康管理」の4つの領域で行います。2、3つの領域とするのか、4つの領域すべてとなるのかは、利用者（家族）の生活に対する意向やケアチームの話し合いで検討し、適切な設定をします。

1つの課題に複数の長期目標と短期目標を設定すると第2表が2～4枚になることもあります。「できない事を指摘する表記」ではなく、達成したイメージ、本人やケアチームが動機づけられる「未来形」の表記（例：～を目指す、～となる、～ができる、～したい）を心がけましょう。

4つの領域の表記のポイント

（1）ADL

排泄、食事、移動、入浴などを「目的化」するのではなく、それができるようになることで「取り戻せる暮らし」が利用者（家族）とケアチームにわかるように課題の表記をします。

（2）IADL

IADLはなんらかの「道具」を使うので心身の機能や認知能力が影響します。軽度者では積極的に課題設定を行い、本人の生活の改善を動機づけましょう。

ただしIADLには、「性差、得意・不得意、好き・嫌い、育った環境、生活感覚、生活習慣」などが影響するのでその行為がもつ意味（例：料理をつくって家族に感謝される）がわかるように表記します。

（3）CADL（文化的日常生活動作）

これまでの人生の歩みから「願い、望み」を聴き取り、本人らしい「楽しさ、役割、趣味、憧れ、生きがい、社会参加」などを引き出し、本人が前向きになれることを課題設定します。

CADLを課題にすると、ADL、IADL、疾患・健康管理は目標や取り組む内容になります。

（4）疾患・健康管理

疾患・健康管理の課題設定は医療・看護チームからの見立てと治療方針を情報収集し、主治医に相談して設定しましょう。

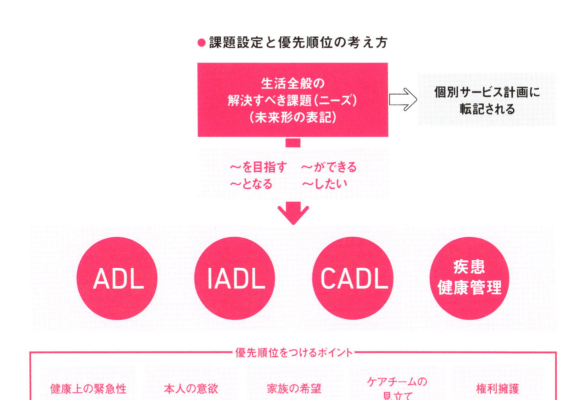

長期目標・短期目標の設定と表記

　目標とは課題を達成するための「目安」です。課題によっては目標の期間は数か月から1年にわたることになります。

　どれくらいの期間で目標設定するかは個別サービス計画に影響します。目標設定のポイントは「目標の数」です。1つの課題に1つの目標とは限りません。

（1）複数目標の例

- **課題**（例：市立○○図書館で視覚障害者向け朗読ボランティアをする）
- **2つの長期目標**（例：「20分程度の朗読ができる」「身だしなみを整えてシルバーカーで20分の道のりを歩ける」）
- **3つの短期目標**（例：「①5分程度の朗読ができる」「②一日3食食べる」「③シルバーカーを操作して5分歩ける」）

（2）目標設定の4つの視点

　利用者（家族）と専門職、サービス事業所に4つの視点で質問して目標設定の参考とします。

- **期間優先**：「○○の期間があれば、□□が達成できますか？」
- **目標優先**：「□□を達成するためには、どれだけの期間があればよいでしょうか？」

- 力量優先：「▲▲が改善すれば3か月（6か月）で□□ができるでしょうか？」
- 環境優先：「▽▽のような環境か条件が整えば、3か月（6か月）で□□ができるでしょうか？」

（3）短期目標設定の勘所

短期目標はすぐに取り組む目標、達成すべき目標です。ADLの行為（例：食事、排泄）やIADLの行為（例：料理、掃除）、CADLの行為（例：楽しみ）などを「身体行為に細分化」し、阻害要因を洗い出して、それを「いつまでに、どこまで達成するのか」を具体的に表記します。

サービス内容のポイント

サービス内容は「どのように改善（維持）に取り組むのか、悪化・低下を予防するのか」を具体的に表記します。あくまで「案」です。サービス担当者会議の場でサービス事業所や専門的な視点から「積極的な提案」やアドバイスをもらい修正を行います。このことにより個別サービス計画との「連動」が可能となります。

1つのサービス内容に単発の資源を位置づけることもあれば、複数の資源を用いることもあります。

- 自助：本人
- 互助：家族・親族・近隣などの支え合い資源
- 共助：介護サービス、市町村サービス、社会福祉協議会のサービス
- 公助：各種制度や社会保障
- 医療・看護：医療・看護・リハビリなど
- 生活支援サービス：家事代行、外出支援、買物支援、緊急通報、配食支援、旅行支援など

表記は羅列ではなく「箇条書き」とし「通し番号」を付けます。サービス内容と種別に「同じ通し番号」を付して対応関係を明示すると利用者（家族）やケアチームにわかりやすくなります。

サービス種別と事業所、頻度

サービス種別には「自助、互助、共助、公助、医療看護、生活支援」別にできるだけ候補を挙げ、それに対応する事業所や資源を選び、頻度を考えます。

（1）介護事業所の選定
- 利用者の状態やニーズに応えられるサービスが提供できるか
- 利用者が好む環境やなじみやすい人間関係があるか
- 課題や目標達成、自立支援につながるサービスや専門職の対応が期待できるか
- 利用日や時間帯、送迎エリア、送迎時間など、柔軟に対応できるか

家族の希望（例：夜間延長デイ、送迎時の居宅内介助、緊急ショート）に対応できるかどうかもとても大切な要素です。

（2）家族・親族、近隣資源のかかわり

家族・親族、近隣資源のかかわり方もシミュレーションし表記します。

●課題達成に向けたシミュレーション・チャート

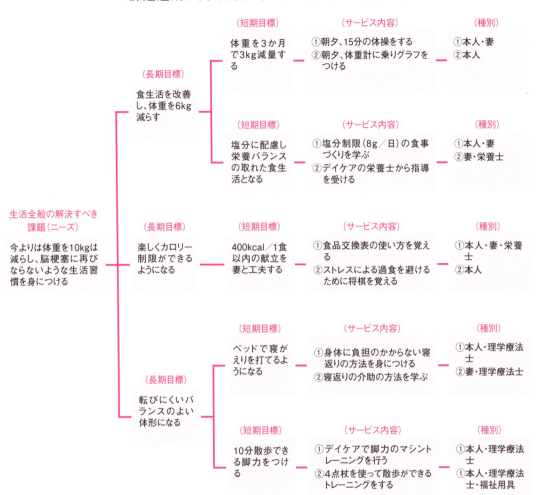

- **介護の支え手**：食事介助、移動介助、入浴介助、着替え介助、排泄介助
- **生活の支え手**：調理、洗濯、掃除、買物、ゴミ出し、お金の管理など
- **心の支え手**：見守り、声がけ、話し相手、相談相手など

(3) 医療・看護チームの選定

主治医やかかりつけ専門医（例：皮膚科、歯科）、かかりつけ薬局をケアプランに表記します。整骨院やマッサージなどの利用があれば主治医への情報提供として記載します。

(4) 生活支援サービスの選定

配食サービス、清掃サービス、警備サービスなど自費サービスも表記します。

❺ 居宅サービス計画書（第２表）の書き方例

【サービス期間】
サービスの開始時期と達成時期（終了時期）を記載する。達成時期が設定できないならば開始時期を記載する。

【生活全般の解決すべき課題（ニーズ）】
ケアチームが「共通の課題」として取り組めるもの。課題は「目指す、改善する、向上する」の3つの領域および重度の利用者には「維持する」となる。また、未来形で表記する。

【長期目標】
課題達成するために利用者（家族）を含むケアチームが6か月〜1年後に達成を目指す目標。

【短期目標】
長期目標の達成に向けて取り組む目標。意欲的になれる、効果が表れる、取り組みやすい、健康管理上必要などといったことを基準に設定する。

【優先順位】
優先順位は、課題整理総括表などを参考に、利用者（家族）の意向や意欲、ケアチームの話し合いで適切な設定をする。

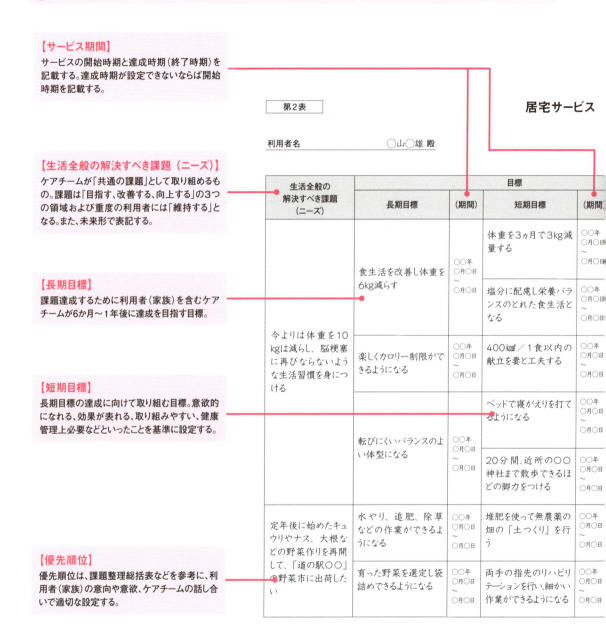

計画書(2)

作成年月日　平成○○年3月31日

※1 「保険給付対象か否かの区分」について、保険給付対象内サービスについては○印を付す。
※2 「当該サービス提供を行う事務所」について記入する。

援助内容					
サービス内容	※1	サービス種別	※2	頻度	期間
①朝夕、15分のお元気体操を自宅でする ②毎朝、血圧を測り、体重計に乗ってグラフをつける		①本人・妻 ②本人		①毎日 ②毎日	○○年 ○月○日 ～ ○月○日
①塩分制限(8g/日)の食事づくりを学ぶ ②デイケアの栄養士から学ぶ		①本人・妻 ②妻・栄養士		①随時 ②随時	○○年 ○月○日 ～ ○月○日
①食品交換表の使い方を覚える ②ストレスによる過食を避けるために将棋などの趣味を再開する		①本人・妻・栄養士 ②本人		①随時 ②随時	○○年 ○月○日 ～ ○月○日
①身体に負担のかからない寝返りの方法を身につける ②寝返り介助の方法を学ぶ		①本人・理学療法士 ②妻・理学療法士		①週2回 ②随時	○○年 ○月○日 ～ ○月○日
①デイケアで脚力のマシントレーニングを行う ②4点杖を使って散歩ができるようにトレーニングをする		①本人・理学療法士 ②本人・理学療法士・福祉用具		①週2回 ②週2回	○○年 ○月○日 ～ ○月○日
①枯れ葉を集め堆肥をつくる ②ショベルや移植ゴテが使えるようになる		①本人・農協の友人 ②本人・作業療法士		①随時 ②週2回	○○年 ○月○日 ～ ○月○日
①指先を使う農作業のリハビリテーションを行う ②朝夕、指先の体操を行う		①本人・作業療法士 ②本人・理学療法士		①週2回 ②毎日	○○年 ○月○日 ～ ○月○日

【サービス内容】
短期目標の達成に向けて取り組む具体的な内容を簡潔に表記する。介護サービス以外に本人が取り組むこと、医療、家族、インフォーマル資源が取り組むことも記載する。
個別サービス計画がプランニングしやすい具体的表記を心がけよう。

【サービス種別】
介護保険給付、医療サービス、生活支援サービス(実費含む)などサービスの種別を記載する。

【※2サービス事業所】
具体的なサービス事業所名や医療機関名を表記する。本人、家族(誰か)、サークル名なども記載する。

【頻度】
頻度は「一日に～回、週に～回、月に～回」があり、ほかに「随時、適宜」がある。介護給付費算定に直接影響する。

【※1介護保険の対象か否か】
介護保険給付対象となるサービスには「○印」を記入する。

Check Point !
1. 課題設定は未来形で書く
2. 長期目標、短期目標の「複数目標」は可。
3. サービス内容は個別サービス計画を意識する
4. サービス内容とサービス種別に通し番号をつける
5. サービス種別に本人・家族を位置づける

❻ 第3表の書き方

　利用者（家族）にとって１週間のサービスの利用の流れが「ひと目でわかる」のが第３表です。第２表でプランニングした介護サービスや医療サービス、本人や家族・近隣のかかわりを１週間のスケジュールに表記したものです。

　この第３表を見ると「支援の流れ」と誰がかかわっているのかが一目瞭然となり、ケアチームの「役割と担う内容」が見える化されます。

主な日常生活上の活動

　この欄には一日の暮らしの流れを書きます。右端にレイアウトされているためか、軽視されるかパターン化された表記が多くなっています。本人の「一日の暮らしの流れ」を趣味の時間も含めて、手を抜かずに記載しましょう。注意したいのは生活リズムの改善（ないし悪化）により「一日の流れ」も変わること。その際には修正を行いチームにファクス等で伝えましょう。

　よく見るテレビ番組やお出かけ先がわかれば、具体的に書くとよいでしょう。

- 24時間の暮らしを把握する
- 生活リズム（例：食事、排泄、入浴、趣味・楽しみ）を把握する
- 要介護となる以前の一日の流れを聞く

利用者の１週間の流れ

　一週間の暮らしはケアマネジャーが聴き取って書くのが基本です。しかし、あえて家族に協力して書いてもらい利用者の暮らしへの理解を促すという方法もあります。

- **利用者**：本人の活動（例：料理、散歩、趣味・楽しみ、買物、外出、通院、通い場など）
- **介護サービス**：訪問系、通所系、短期入所系など
- **医療サービス**：主治医の通院、往診（訪問診療）、訪問看護、訪問リハビリなど
- **家族・近隣**：家族・親族および近隣などの多様なかかわり（例：介護、掃除、入浴、金銭管理、声がけ、見守り）

週単位以外のサービス

　週単位以外で利用する介護サービス（例：福祉用具、短期入所）や整骨院、マッサージを記載します。

　また「隔週、不定期、必要時、月単位」で利用する介護サービスや家族のかかわりはこの欄に記載するようにします。

　この第３表は病院の退院時や主治医の往診時の予定を立てる際や多職種との連携、家族が利用者の一日を知ることにも大いに役立てることができます。

●一週間の「暮らしぶり」を見える化

【介護保険以外のサービス】
医療機関、家族・近隣のかかわり、生活支援サービスなどを記載する。

【主な日常生活上の活動】
本人の一日の暮らしの流れ(例：睡眠、起床、整容、体操、散歩、排泄、料理、趣味・楽しみ、買物、通院)を記載する。

第3表			週間サービス計画表						作成年月日	平成〇〇年4月1日
利用者名	〇山〇雄 殿									平成〇〇年 4月分より

		月	火	水	木	金	土	日	主な日常生活上の活動
深夜	4:00								
早朝	6:00	起床・お元気体操	起床・お元気体操	起床・お元気体操	起床・お元気体操	起床・お元気体操	起床・お元気体操	起床・お元気体操	起床・お元気体操
	8:00	朝食・服薬	朝食・服薬	朝食・服薬	朝食・服薬	朝食・服薬	朝食・服薬	朝食・服薬	朝食・服薬
午前			送迎			送迎			モーニングショー(TV)
	10:00	犬の世話	犬の世話	犬の世話	〇〇病院(通院)	犬の世話	犬の世話	犬の世話	犬の世話
	12:00		〇〇			〇〇			
午後		昼食	デイケアセンター	昼食	昼食	デイケアセンター	昼食	昼食	
	14:00			△△マッサージ			△△マッサージ	長女	将棋ゲームなど
	16:00	犬の世話	送迎	犬の世話	犬の世話	送迎	犬の世話	犬の世話	犬の世話
	18:00	お元気体操	犬の世話	お元気体操	犬の世話	犬の世話	お元気体操	お元気体操	お元気体操
		夕食・服薬	お元気体操	夕食・服薬	夕食・服薬	お元気体操	夕食・服薬	夕食・服薬	夕食・服薬
夜間	20:00	風呂	夕食・服薬・風呂	風呂	風呂	夕食・服薬・風呂	風呂	風呂	風呂
	22:00	TV・ビデオ	TV・ビデオ	TV・ビデオ	TV・ビデオ	TV・ビデオ	TV・ビデオ	TV・ビデオ	TV・ビデオ
深夜	0:00	就寝	就寝	就寝	就寝	就寝	就寝	就寝	就寝
	2:00								
	4:00								
週単位以外のサービス		福祉用具レンタル(4点杖、3モーター特殊寝台) 〇〇病院、△△マッサージ(週2回)							

【週単位以外のサービス】
福祉用具貸与、短期入所、不定期の通院、不定期の生活支援サービスを記載する。

【曜日別の暮らしぶり】
「主な日常生活上の活動」も曜日によって異なる。また未記入だと何をやっているかがわからないので、曜日ごとに行っていることを表記する。

Check Point!
1. 「主な日常生活上の活動」の表記は手を抜かない
2. 介護サービスだけでなく介護保険外サービスも記入する
3. 週単位以外のサービスも重要。医療サービス、生活支援サービスも含めて表記する
4. 家族や近隣のかかわりを書き込んでおこう
5. 多職種連携に活用できる内容にしよう

PART 2 - 5 サービス担当者会議

❶ サービス担当者会議の目的と種類

サービス担当者会議の目的

　ケアチームが一体感をもつ大切な場、それがサービス担当者会議です。会議には5つの目的があります。

1. 利用者(家族)とケアチームとの間に「顔の見える関係」をつくる
2. 「面の関係」でケア内容を共有する
3. 専門職が集まり、さまざまな角度から「見立て・手立て」を話し合う
4. 利用者(家族)やケアチームの苦労やがんばりを共有する
5. 隠れたニーズや心身の変化等のリスクの対応策を話し合う

サービス担当者会議の種類

　サービス担当者会議の目的と時期、場所、集めるメンバー、進め方を理解して事前の準備をしましょう。

〈サービス担当者会議の種類〉
1. 新規ケース会議
2. 更新時の会議
3. テーマ別会議(随時：サービス調整、福祉用具の導入、住宅改修、看取り)
4. 要介護度変更にともなう会議(随時)
5. 退院・退所にともなう会議(随時)
6. 介護施設やグループホームへの入居、居宅介護支援事業所変更にともなう引き継ぎの会議(随時)

サービス担当者会議の4つの勘所

　新人ケアマネジャーにとって会議の進行は不安だらけ。でも次の4つのポイントを意識していれば満足度の高い会議にすることができます。

● サービス担当者会議

（1）現状把握：チームアセスメント

新規ケースではケアマネジャーがアセスメントを主に行いますが、更新時会議などでは1か月前に、ケアチームのメンバーにアセスメント情報を依頼し、提供してもらいます。

（2）利用者（家族）の意向の聴き取り

利用者（家族）の今の困り事や不安、意向を直接「生の声」で聴き取ることはケアチームにとって重要な機会です。

（3）ケアプランの話し合い

ケアマネジャーがつくるケアプランはあくまで「案（叩き台）」。利用者（家族）の意向とケアチームから寄せられたアセスメント情報をもとにケアプランの第2表の見立てから課題・目標の設定、サービス内容（手立て）、役割の分担をチームで活発に話し合います。

（4）ケアチームのモチベーションアップ

話し合いとは単なる確認ではありません。現在の状況が参加者間で共有され、明日からの「暮らし」と数か月後〜1年後の「暮らしの変化と改善の状況」をイメージし、そのために何ができるか、その取り組みをシミュレーションすることが、ケアチームのモチベーションアップにつながります。

❷ サービス担当者会議を進める（新規・更新ケース）

　開催場所は利用者の自宅が基本です。しかし、主治医・担当医が参加しやすいのであれば病院等でもよいでしょう。当日は30分前には到着し、話し合いのスペースのセッティングや室温の調節などを行い、10分前には出迎え準備を終えておきます。

出迎えと席の誘導

　会議を始める前に名刺交換を行います。まずは利用者（家族）に、それから事業所間同士で行ってもらいます。ちょっとした言葉添え（場所・強み）をして親しい空気だけでなく信頼感づくりをしましょう。

　席は事前に決めておきます。名刺は小さく読みにくいので、大きめの名札をかけてもらったり、胸にシールを貼って名前を書いてもらうとよいでしょう。会議中に利用者（家族）は何度でも確認できます。

始まりの言葉

　参加いただいたことへのねぎらいの言葉を皆さんにかけて始めます。二度目でも利用者（家族）は忘れていることもありますので、自己紹介はするようにしましょう。

流れの説明

　議事の進行用レジュメをもとに流れを説明します。そこに出席者の名前も書いておき、途中参加者・途中退席者ははじめに伝えましょう。会議の進行やムードに影響するからです。

　項目ごとに「このテーマはおおよそ10分程度で～」と「目安の時間」を示します。発言が長引いたり、脱線した場合には「すみません、この話し合いは10分を目安にしていますので……」と協力を求めることができるからです。

「このような流れで進めさせていただきます。よろしいでしょうか？　皆さんのほうから付け加えるものはありますか？」と確認を取ることも忘れずに。

　また「会議の決め事（グランドルール）」を伝えます。力が入りすぎると緊張を高めるのでやさしくお願いしましょう。

- 「発言は大きめの声でお願いします」
- 「時間も限られていますので、ご協力をよろしくお願いします。」
- 「発言される時は挙手をお願いします」

「経緯の説明」および「振り返り」

（1）新規ケース：経緯の説明

　介護保険の申請に至った経緯を説明します。その時の状況や気持ちを利用者（家族）に直接話してもらうのもよいでしょう。

●サービス担当者会議のご案内状（例）

□介護事業者　□医療機関等　□ご家族（成年後見人含む）　□その他（　　　）

　　　　　　　　　　　　　　　御中　　成年後見人にはかならず出席をしてもらう。　　　　平成　　年　　月　　日

サービス担当者会議のご案内

今回、[□新規　□区分変更　□更新]の目的で、サービス担当者会議の開催を予定しております。
ご多忙の折、ご出席いただきますようよろしくお願い致します。

　　　　　　　　　　　　　　　　　　　　　　　　　　○○居宅介護支援事業所
　　　　　　　　　　　　　　　　　　　　　　　　　　担当：
　　　　　主治医の情報提供による自立度を記入する。　　　TEL　　－
　　　　　　　　　　　　　　　　　　　　　　　　　　FAX　　－

利用者様	様	要介護度（　）	日常生活自立度（　） 認知症自立度（　）	認定日　H　年　月　日 認定有効期間　H　年　月　日 　　　　　　　　H　年　月
日　時	平成　年　月　日　：　～　：　（予定）			
場　所	□ご利用者宅　□その他（　　　　　　　） デイサービス、クリニック、病院など自宅以外の場所を記入する。			
目　的	□居宅サービス計画書(1)(2)(3)の検討　　□課題 □個別サービス計画書（　）の検討・評価　□目標（短期・長期） □サービス内容（　）の検討・評価　　　□福祉用具 □その他（　）の検討　　　　　　　　　□住宅改修 □リスクの情報共有　　　　　　　　　　□モニタリング □退所支援　□退院支援　　　　　　　　□住み替え支援 グループホーム、介護保険施設、サービス付き高齢者向け住宅等への住み替え時に会議を開くことも習慣化しよう。			
検討内容及び理由	複数になってもチェックは入れる。　検討内容と理由は箇条書きで簡潔に記入する。			
準備いただきたいこと及び書類等	準備いただきたいことと書類や利用状況がわかるもの（記録、写真）を箇条書きで記入する。			

※出欠席の確認を以下にお願いします。出欠席にかかわらずコメント・意見・提案をお願いします。

□出席　　□欠席　（理由：　　　　　　　　　　　　　　　　　　　）

検討してもらいたいこと 確認してもらいたいこと	□無 □有 ケアチームの参画意識をつくることになる。	ケアプラン、個別サービス計画等への意見・提案など	□無 □有 積極的に記入してもらう。

※申し訳ありませんが、　月　日までにFAX返信をお願いします。尚、書ききれない際には、別紙をご用意いただきたくお願い致します。

資料：NPO法人 神奈川県介護支援専門員協会編『三訂 オリジナル様式から考えるケアマネジメント実践マニュアル 居宅編』より一部改変

(2) 更新ケース：振り返り

半年～1年前に開いたサービス担当者会議からの暮らしぶりの変化や気づき、苦労や改善されたことなどをチームで振り返ります。

評価表などを使って振り返り、次に利用者（家族）、サービス事業所から「振り返り」を話してもらいます。このことが「苦労と頑張りの共有化」につながります。なお、事前に伝えて、話す内容を準備しておいてもらいます。

利用者（家族）の意向

利用者（家族）の意向とは「これからどうしたいか、どうなるとよいか」です。インテークやアセスメントの時に聴き取った内容やケアプラン第1表を使い、ケアマネジャーが説明した後で、「ではご本人とご家族に直接お話しいただきます」と話を振ると話しやすいでしょう。

アセスメントの説明

アセスメントシートや課題整理総括表などを使い、現状と阻害要因、今後の見通しと課題を説明します。

- ADL、IADL、CADL、一日の暮らし
- コミュニケーション、社会参加
- 認知・理解力、家族の介護力・家事力および就労状況
- 疾患、体力、体調、服薬状況など

なお、以前の暮らしぶりについて具体的に聴き取りを行い、本人なりの「言い回し、なじみの呼称」などを織り込んで説明します。

ケアプランの説明

ケアプラン（案）は利用者（家族）には小さい文字で書かれているため読みづらいものです。B4～A3サイズに拡大したものを必ず用意しましょう。

説明の際は次の3点に注意します。

1 専門用語を言い換える

例）飲水→水を飲む、口喝→口が乾く

2 医療用語を言い換える

例）浮腫→むくみ、疼痛→痛み

3 「支援」を具体的な言葉に言い換える

例）手伝う、協力する、見守る、確認する、説明する、話し合うなど

なお、「○○という言葉の意味はわかりますか？」という質問は失礼です。「○○について念のため説明します（しましょうか？）」と配慮のある言葉がけをしましょう。

(1) 第1表の説明

第1表の「利用者（家族）の生活に対する意向」を読み上げ、利用者（家族）にじかに話してもらいます。アセスメント前に話しているなら重複するので確認程度にします。総合的な援助の方針は第3表の説明後に行ってもよいでしょう。

●新規ケースのタイムスケジュール

（2）第2表の説明

第2表は利用者（家族）にはわかりにくい表記が多いので、できればサービス担当者会議が始まる前に20分ほどかけて事前説明をしておくとよいでしょう。

第2表は「読み上げてから説明する」パターンで進め、「第2表の見方」を含めて説明を行います。あくまで叩き台であり、話し合いで充実させ、提案・修正でさらによくしたい旨を冒頭に伝えます。

・**課題は「目指すゴール」**

課題を読み上げた後に補足説明を行い、

話し合いの中に出てきた重要と思われる追加の課題や希望する課題については、後で話し合いたい旨を伝えます。

- 目標は「目安」

目標という言い方も難しい印象があるので「できる目安、取り組む目安」という表現を使ってみましょう。

- サービス内容は「行う事、段取り」

サービス内容は利用者、家族、介護サービス、医療チーム、近所近隣などが「行う事、段取り」と説明します。

- 第3表は1日と1週間のスケジュール表

第3表は利用者の1日と1週間を「見える化」したもの。修正・追加は会議の場で書き加えましょう。

話し合い(協議)を進める

司会進行役はいわばムードメーカーです。ボディランゲージと相談援助技術を活用して話しやすい雰囲気をつくります。

(1)進行のテクニック

- うなずき　・あいづち　・反復　・要約
- 言い換え　・参加者全員への問いかけ
- 相乗り発言　・相乗り質問

(2)期間調整、内容修正、役割分担

課題や目標が適切か、サービス内容は十分か、追加や修正・提案についてサービス事業所など参加者に促しましょう。

- 期間:「〇〇〇の目標は何か月あれば改善できるでしょうか?」
- サービス内容:「〇〇を3か月で改善するために、〜〜〜事業所ではどのようなかかわり方ができますか?」
- 役割分担:「〇〇の目標についてそれぞれどのようなかかわり方ができますか?」

(3)リスク対応について

利用者は多くのリスクを抱えています。体調の急変や災害等を予測し、緊急時の対応のルールを話し合います。

(4)「小まとめ」を入れる

進行はテーマだけを示すのでなく「話し合う時間」を示すことがコツです。

- 「〇〇について5分ほど話し合いたいと思います」

途中に「小まとめ」を入れると話し合いの方向性がブレない効果があります。

話し合いのまとめ

(1)検討結果

意見がまとまったら「検討結果」としてまとめます。まとまらない場合は「両論併記」します。

(2)提案・修正の記録

話し合いで決まった変更や修正は第1〜3表に赤字で書き込みます。後日、清書したケアプランを交付する旨を伝えます。

(3)利用者(家族)の感想

終了時、利用者(家族)からひと言もらうと、一体感をつくる上で効果的です。

| 第4表 | | | | | | 作成年月日 | 平成○年○月○日 |

サービス担当者会議の要点

| 利用者氏名 | ○山○雄 殿 | 居宅サービス計画作成者(担当者)氏名 | ○○○○ |
| 開催日 | 平成○○年 ○○月 ○○日 | 時間 | 13:00 ～ 14:30 | 開催場所 | ご自宅 |

会議出席者	所属(職種)	氏名	所属(職種)	氏名	所属(職種)	氏名
	利用者	○山○雄	介護支援専門員	高室○○	歯科衛生士	藤田○○
	妻	○山○子	理学療法士	清水△子		
	長女	加藤○○	福祉用具専門相談員	山口○○		

検討した項目
1) 要介護状態となる「これまで暮らし」と「取り戻したい暮らし」(ご本人とご家族の意向)
2) アセスメント情報および課題整理総括表による現状の把握と課題の設定
3) 居宅サービス計画書原案について

検討内容
1) 取り戻したい暮らし
　本人:野菜づくりを再開して「道の駅○○」に出荷ができるような身体になりたい
2) 現状の把握と課題の設定
　・アセスメント情報と課題整理総括表の説明および主治医の意見の紹介
　・課題の優先順位を検討
□脳梗塞再発予防のための生活習慣の改善　□一人での入浴　□一人での着替え　□野菜づくりの再開
□腰痛の妻のための寝返り介助の指導
※本人がとくに前向きに取り組めること、妻の老老介護への不安に配慮する
※理学療法士および歯科衛生士からのリハビリと口腔ケアの重要性と予後予測の意見をもらう
3) 2表の課題設定、目標設定、サービス内容、サービス種別、頻度について検討
　・本人が行うこと(行えそうなこと):リハビリ元気体操、生活習慣(とくに食習慣)の改善のための意識づくり
　・デイケアサービスで行なえること:栄養改善の指導、マシントレーニング、4点杖の練習など
　・家族(妻・長女)が行うこと:食品交換表の活用、栄養のバランスに配慮した食事づくり、介護方法を学ぶ
　・インフォーマル資源:野菜市の仲間および趣味の彫刻の仲間などの協力
　・民間サービス:定期的なマッサージの利用
4) 急変時の対応について
5) その他

結論
1) 取り戻したい暮らし…別紙:ケアプラン第1表の意向欄を参照
2) 課題の優先順位…以下の順番となる
　①脳梗塞再発予防のための生活習慣の改善　②野菜づくりの再開(本人の前向きな気持ちを応援)
　③一人での入浴　④一人での着替え　⑤腰痛の妻のための寝返り介助の指導
3) 課題設定、目標設定他…別紙:ケアプラン第2表を参照

残された課題(次回の開催時期)
・「道の駅○○」での出荷および店頭販売の協力をどのように得ていくか
・畑作業再開のための農作業の動作を取り入れたリハビリテーションプログラムの検討
・妻の腰痛が悪化しないための介護手法の指導(長女含む)をどのように進めるか
・手すり設置と段差解消の住宅改修のタイミングと工務店等の選定
次回開催時期　1か月後　○○年○○月○○日　13:00～13:40(予定)

PART 2

6 モニタリング

❶ モニタリングの基本

モニタリングの目的

モニタリングはケアマネジメントの「中核的作業」です。定期訪問（毎月）で行われるモニタリングは利用者の「これまで（1か月間）」と「今」を把握し、「これから」に対応するために行います。モニタリングには3つの目的があります。

（1）ケアプラン等の効果の評価

ケアプランに位置づけた取り組みが利用者の生活全般の解決（ニーズ）に効果をあげているか、利用者（家族）の取り組みや介護サービスや医療等が心身の状態や生活機能の改善・向上および維持に効果をあげているか、さらに介護サービスが家族の生活状況や就労状況の維持・改善に効果をあげているかを評価します。

（2）ミスマッチの修正と調整

利用者（家族）の状況は変わります。生活ニーズや利用状況とサービス内容がミスマッチとなっていないかを確認し、必要なら修正・調整します。またサービス変更や利用回数の変更で自己負担額が変わる場合などはサービス担当者会議を開きます。

（3）リスクの予測と対応

利用者は複数の疾患や障害をもっています。薬の飲み忘れや、気温の変化、体調・体力の変化や認知症状の進行により心身の状況の悪化リスクが常にあります。これからの1か月をシミュレーションしておくと、早い段階で適切な対応を行えます。

モニタリングの手法

モニタリングは基本的には利用者宅訪問ですが、他に電話、サービス立ち会い、事業所訪問があります。訪問時は洩れや記録忘れを防ぐためモニタリングシートを使いましょう。

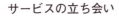

●モニタリング4つの場面

訪問　気がかりな利用者宅には小まめに訪問しましょう。

サービスの立ち会い　サービスの立ち会いはケア内容を確認でき有益です。

電話　声の様子から体調や感情を読み取りましょう。

近隣訪問　近隣の方には何を見守ってもらいたいかを具体的にお願いします。

（1）訪問モニタリング

モニタリングは運営基準でも月1回は必ず利用者宅を訪問して行わなければならないとされています。気がかりな利用者（家族）には20分程度の訪問を複数回行うのもよいでしょう。

（2）電話モニタリング

電話による「声だけのモニタリング」も併用しましょう。次のような時に電話モニタリングを上手に活用しましょう。
- 週に数回の確認が必要
- 確認の内容が簡易である
- 遠方の家族に一時的に身を寄せている

（3）サービスの立ち会い

訪問介護やデイサービスでの食事時やレクリエーションに立ち会うことで言葉だけでは伝わらない満足度や本音が把握できます。その際はあらかじめ事業所に伝えて立ち会いましょう。

（4）近隣訪問

見守りや声がけなどの役割を担ってもらっている近隣住民や担当地区の民生委員を訪問し利用者の情報を聴き取ることも効果的です。なにげない言葉がヒントになることもあります。本人に事前に了解を取った上で訪問しましょう。

❷ 利用者の状態や状況、達成度、暮らしの変化をモニタリングする

利用者の満足度と暮らしの変化

　まず、利用者が介護サービスや医療サービスなどを利用することで「暮らしぶり」がどのように変化し、改善・維持・向上しているか、あるいは低下・悪化していないかどうかを把握します。

　利用者に「満足されていますか？」と直接尋ねても「はい」という返事しか返ってこないかもしれません。そこで、
「1か月前に比べて楽になりましたか？」
「デイサービスは楽しいですか？」
「どのあたりが助かっていますか？」
などと質問し、言葉だけでなく利用者（家族）の表情や声の印象、話しぶりから満足度を読み取りましょう。

取り組み内容と達成度の確認

　介護保険制度の目的は自立（自律）支援です。提供されている介護サービスと利用者（家族）の取り組みがケアプランの短期目標と課題の達成に向けて効果があるものとなっているかを評価することが大切になってきます。

　次の6つの視点でモニタリングします。

1 ケアプラン通りにサービスが提供されており、利用者（家族）がきちんと取り組めているか
2 ケア内容やサービス種別が適切であるかどうか
3 短期目標・長期目標が達成されているか、期間は適切だったか
4 総合的な援助の方針に沿ったチームケアとなっているか
5 利用者の自立（自律）支援につながる個別サービスの提供となっているか
6 ケアプランの内容を修正（見直し）する必要があるか（サービス担当者会議の開催の有無を検討する）

ニーズと意向（希望）の変化

　利用者のニーズと意向（希望）は、加齢や病状の進行、季節の変化による心身機能の低下が影響することもあれば、サービスの利用や体調・体力および心身機能の改善・向上などが影響します。

・できていた事ができなくなった（やりづらくなった、できなくなりそう）
・できていなかった事ができるようになった（できそうと思える、やってみたい）

　これらを聴き取り、ケアチームに情報提供するとともに、必要ならケアプランの修正や個別サービス計画の修正なども検討します。

● モニタリングのポイント

1 聴き取り

目を合わせ集中して聴き取ります。言葉だけでなく表情や声の印象、話しぶりにも集中します。

2 モニタリングシート

モニタリングシートで洩れをなくし効率的なモニタリングができます。

3 観察

言葉だけでなく実際の動きも観察しましょう。

4 住環境

屋内の臭いや清潔度、季節別の変化（気温、採光、湿度）などもチェックしましょう。

権利侵害、消費者被害、生活トラブル

　定期的に訪問するケアマネジャーだからこそ、利用者への人権侵害（例：虐待の徴候）や消費者被害などを早めに発見することができます。

　またサービス事業所からの報告も大切な情報です。最悪の状態になることを未然に防ぐことは大切な役割です。

　なお個人で抱えることはせず、居宅介護支援事業所や地域包括支援センターとともに対応することを習慣化しましょう。

　次のチェック項目を参考にしましょう。

☐ **不審な人の出入りや名刺、契約書、高額の領収書はないか**

☐ **不要な消費財を購入していないか**

☐ **体や顔にアザ（内出血）や傷がないか、体重の減少はないか**

☐ **表情が暗いことはないか**

☐ **異臭がする、衣服等が汚れたままではないか**

　認知症の発症や進行にともない権利侵害が発生しやすいため、特に注意を払いましょう。

❸ 家族をモニタリングする

介護力と医療的行為

　家族が介護にストレスを抱く理由の1つは介護技術が身についていないことです。「自己流の介護」になりやすく、お世話型やスパルタ型、何もさせないしつけ型になっていたり、力任せの危険な介護になっていることも少なからずあります。
　特に認知症状が表れると意思疎通に疲れ果てて虐待的な状況になる危険性もはらんでいます。
CM「介護をされていてうまくいかないことはありますか？」
CM「負担が軽くなる介護のやり方を身につけたいと思われますか？」
　医療的行為はリスクも高いため、家族が不安に思う点などを聴き取り、訪問看護師や主治医に情報提供します。

家事力

　料理や洗濯、掃除、家の管理、ゴミ出しなどの家事は、一部の女性や男性介護者が苦手とすることの1つです。家事の苦労の聴き取りだけでなく、家事力を向上させる工夫を一緒に考えるのも大切な支援です。
CM「家事をされていて面倒だと思われることはどういうことですか？」

健康状態と介護ストレス、家族関係

　長期間の介護は家族を心理面や身体面、家計などあらゆる面で弱らせます。ですから介護にかかわる家族の心と体の健康状態を気遣うことは大切な支援です。特に介護が始まって1～3か月目が要注意期間ともいわれます。「ねぎらいの言葉」をかけ、「心の状態」を聴き取ります。
CM「介護はイライラすることも多いです。どのようなことに一番ストレスを感じますか？」
CM「介護のストレスをうまく発散できていますか？」
　また家族関係の葛藤から「微妙な距離感」が生まれることもあります。
CM 介護のご苦労を他の家族の方（兄弟姉妹）はご存じですか？」

就労状況

　介護と仕事の両立支援は「介護離職防止」という点だけでなく60代での就労も増えているので「生活困窮防止」の面でもますます重要になっています。しかし、会社や職場によって「理解にかなりの差がある」のが現状です。勤務時間、残業や休日出勤の有無、出張の有無、有給休暇の取り

● 家族のモニタリング

1 介護力
「自己流介護」でなくプロのノウハウやテクニックを伝えよう。

2 家事力
男性介護者支援として「男の介護料理教室」という手も！

3 健康状態、ストレス、家族関係
介護者の体調・体力、介護ストレスを要チェック。

4 就労状況
「働きながら介護」ができる環境づくりは新しい「ニーズ」！

やすさなどを聴き取り、「いざという時」の対応を話し合っておきましょう。

「これからの1か月」を予測する

モニタリングという言葉から「これまで」と「現状」を把握することが中心になりがちです。しかし大切なのは「これから1か月間」の暮らしです。
「これからの1か月」を予測する目的はリスクマネジメントです。利用者の心身機能や体調は季節の変化（気温、室温、湿度、採光など）に影響を受けます。

現在の体調・体力から想定されるリスク（危険）をシミュレーションし、ケアチームに情報提供しましょう。

（1）季節の変化から生じるリスク
・夏期：室温上昇、脱水、熱中症、食品の腐敗
・冬期：室温低下、風邪、インフルエンザ

（2）一人暮らし、認知症から生じるリスク
ガス漏れ、消し忘れ、漏電、家電事故、徘徊・行方不明、浴槽での溺水など

（3）災害・天災から生じるリスク
集中豪雨、浸水、洪水、土砂崩れ、雪下ろし、雪害、断水、停電、交通止めなど

ケアマネジメント業務

❹ モニタリングの流れ、情報提供とチームモニタリング

モニタリングの流れ

　モニタリングはケアプランの達成度やサービス提供内容の評価、利用者（家族）の状況の変化の把握だけでなく、利用者（家族）への「心の支援ができる大切な機会」です。効率・効果的に進めるための「モニタリングの流れ」を紹介します。

（1）モニタリング準備
　モニタリングの目的、どのような話題から入るか、質問フレーズ、持ち物の確認などは前日に終えておきましょう。

（2）利用者宅到着（3分前到着）
　家の周囲や庭、玄関などを観察。

（3）モニタリング
- これまでと現状の把握：20分～30分

　この1か月間の体調、心と暮らしの変化、病状管理と服薬管理やADL、IADL、CADLの変化、コミュニケーション、認知レベル、ケアプランの取り組みと達成状況、サービス利用状況と満足度と要望、暮らしの不安、生活トラブルなど。

- これから1か月：10分～20分程度

　体調・疾患・服薬管理から急な体調変化、緊急入院などへの対応、生活トラブルなどへの対応まで。

モニタリングシートの活用

　モニタリングにあたって洩れやブレをなくし「一定基準の業務」を行うためにもモニタリングシートを活用します。
　モニタリングシートは短期目標の達成度や暮らしの改善・悪化、介護サービスの評価として使うだけでなく、新たな生活課題やケアプランの変更の必要性の有無なども記載できるものとします。また、サービス項目ごとの「加算」が評価できる内容としましょう。ケアマネジメントの評価シートとしても活用しましょう。

情報提供とチームモニタリング

　把握した利用者の近況や要望、苦情についてはサービス事業所に口頭だけでなく、文書（例：利用者情報提供シート）を使って行うとよいでしょう。
　一方、ケアマネジャーのモニタリングだけでは食事時の様子や入浴や排泄などの具体的な状況は把握できません。各サービス事業所に文書（例：サービス情報提供書、利用者情報把握依頼書）などを使ってモニタリングの依頼を行いましょう。
　特に要介護認定の更新時期に新しいケアプランを作成する際に、前月にモニタリン

● 利用者情報提供シートとサービス情報提供書

利用者情報提供シート

- 内容は具体的に記入する。利用者（家族）の言葉は「逐語」として書くとよい。
- 利用者（家族）の情報提供の種類を示す。
- 事業所などから対応の結果をFAXしてもらう。

サービス情報提供書 / 利用者情報把握依頼書

- 提供しているサービス内容を記入してもらう。
- 情報提供する理由を記入してもらう。
- 提供内容は箇条書きで書こう。
- 項目は簡潔に記入してもらう。
- どのような理由で情報を把握したいのかを記入してもらう。
- 把握内容は箇条書きで書いてもらう。

グ情報を依頼します。情報を集め、ケアプランのプランニングに活かします。

このことで個別サービス計画との一体感が生まれ連動もスムーズに行えます。

評価表でモニタリング

短期目標の終わりの月のモニタリングでは「評価表」を使って達成状況を把握します。達成状況は5段階で記入します。

◎予想を上回って達せられた
○達せられた
△達成可能だが期間延長を要する
×達成は困難であり見直しが必要
×2長期目標の達成も困難であり見直しが必要

効果があったもの、見直しが必要なものについてはコメント欄に記載します。

ケアマネジメント業務

❺ 評価表の書き方例

> 第2表の短期目標、内容、期間、サービス内容、サービス種別を転記する。

利用者名　　　〇山〇雄　殿

短期目標	（期間）	援助内容 サービス内容
体重を3か月で3kg減量する	00/05/01 〜 08/31	①朝夕、15分のお元気体操を自宅でする ②毎朝、血圧を測り、体重計に乗ってグラフをつける
塩分に配慮し栄養バランスのとれた食生活となる	00/05/01 〜 08/31	①塩分制限（8g／日）の食事づくりを学ぶ ②デイケアの栄養士から学ぶ
400kcal／1食以内の献立を妻と工夫する	00/05/01 〜 08/31	①食品交換表の使い方を覚える ②ストレスによる過食を避けるために将棋などの趣味を再開する
ベッドで寝がえりを打てるようになる	00/05/01 〜 08/31	①身体に負担のかからない寝返りの方法を身につける ②寝返り介助の方法を学ぶ
20分間、近所の〇〇神社まで散歩できるほどの脚力をつける	00/05/01 〜 08/31	①デイケアで脚力のマシントレーニングを行う ②4点杖を使って散歩ができるようにトレーニングをする
堆肥を使って無農薬の畑の「土つくり」を行う	00/05/01 〜 08/31	①枯れ葉を集め堆肥をつくる ②ショベルや移植ゴテが使えるようになる
両手の指先のリハビリテーションを行い、細かい作業ができるようになる	00/05/01 〜 08/31	①指先を使う農作業のリハビリテーションを行う ②朝夕、指先の体操を行う

効果の有無や見直しが必要かどうかを具体的にコメントする。

作成日　　／　　／

サービス種別	※1	結果※2	コメント（効果が認められたもの／見直しを要するもの）
本人妻		△	お元気体操と食事の改善をしたところ増減があり、結果2kgの減量はできた。グラフにして「見える化」したことで励みになったようだ。
通所リハ（栄養士）本人妻	○○デイケアセンター	△	栄養士から学んだ塩分制限のメニューだが、本人のわがままから食べる量にムラがある。メニューに工夫が必要である。
通所リハ（栄養士）本人妻	○○デイケアセンター	○	食品交換表は覚えられた。本人も将棋ゲームを楽しんで、過食をしないようにできている。
通所リハ（理学療法士）妻	○○デイケアセンター	○	寝返り介助の方法のコツがつかめたので「とても楽になりました」と妻が話される。ご長女もできるようになった。
通所リハ（理学療法士）本人福祉用具専門相談員	○○デイケアセンター福祉用具レンタル○○	△	ご本人の意欲も高く、マシントレーニングにがんばっていると理学療法士から報告がある。4点杖の歩行も順調に進んでいるが神社まで20分は難しく10分程度とのこと。
通所リハ（作業療法士）本人農協の友人	○○デイケアセンター	◎	堆肥づくりは農協の友人と楽しく行えている。ショベルや移植ゴテも健側のほうの手で行えるようになった。
通所リハ（作業療法士）本人	○○デイケアセンター	◎	作業療法士が考案した農作業の道具を使ったプログラムに熱心に取り組まれている。

※1 「当該サービスを行う事業所」について記入する。　※2 短期目標の実現度合いを5段階で記入する（◎：短期目標は予想を上回って達せられた、○：短期目標は達せられた（再度アセスメントして新たに短期目標を設定する）、△：短期目標は達成可能だが期間延長を要する、×1：短期目標の達成は困難であり見直しを要する、×2：短期目標だけでなく長期目標の達成も困難であり見直しを要する）

ケアマネジメント業務

PART 2-7 支援経過記録の書き方

❶ 支援経過記録の6つの流れ

　支援経過記録（第5表）は定期訪問だけでなく、利用者（家族）や事業所との電話でのやりとりなどを記録します。

支援経過記録は「6つの領域」で書く

（1）日時、所要時間、内容
　内容欄にタイトル（例：新規訪問、アセスメント等、長男からの電話）を書き、その次に行ったこと、やりとりを書きます。「家族」や「友人」では個人が特定できないので氏名を記載します。利用者（家族）がプライバシーだからと拒否をされたらその旨を記載します。事業所なら対応した者の個人名を表記します。

（2）生活状況の確認（観察・聴き取り）
　訪問だけでなく電話のやりとりも書きます。「利用者・家族の考え方」欄には、利用者（家族）の象徴的な言葉を「逐語」で表記します。小見出しは「主訴、苦情、経緯、不安、要望、結果」などとします。

（3）サービス利用の状況と満足度
　サービスの利用状況や満足度、良い点や不安な点、要望など、聴き取った内容を象徴的なエピソードを含めて記載します。

（4）短期目標の取り組みと達成度
　短期目標をどのように利用者（家族）と事業所が取り組んでいるか、心身機能や生活機能の改善・向上および低下の状況を記載します。「詳細はモニタリングシート参照」としても可です。

（5）残った課題と新たな課題、リスク予測
　「残った課題」「新たな課題」があれば記載します。またサービス事業所等に情報提供すべき事柄は箇条書きで表記します。

（6）評価と判断
　（2）〜（5）の内容についてケアマネジャー

●メモの書き方

と関係機関（サービス事業所の専門職）の評価と判断、行った対応について整理をして書きます。

メモの書き方

利用者（家族）などとのやりとりの内容は「メモ帳」に書きましょう。その内容を事業所に戻って支援経過記録としてまとめます。

メモは支援経過記録を書くための「記憶のクリッピング」です。詳しく書かずとも「自分にとって役に立つ書き方」で十分です。文章でなく「単語、短縮語、記号、矢印、イラスト」などを使いこなして簡潔に書きましょう。

「利用者（家族）に了解」をもらう

メモを取ると言葉を濁したり、嫌がる利用者（家族）もいます。まずはメモを書く了解をもらいましょう。

CM「大切なことですので（間違いがないように）、メモを取らせていただいてよろしいでしょうか？」

決して「忘れっぽい」などのマイナスイメージの弁解はしないようにしましょう。

❷ 居宅介護支援経過（第5表）の書き方例

利用者名　　○山○雄　殿

年月日	内　容
00.05.06（月） 11:00～12:00	【初期面接：インテーク】 初期面接は自宅。妻（72歳）と有給休暇をとった長女（48歳）が同席。○雄さんはソファに座りにこやかな表情。脳梗塞に至った経緯、前病歴、肥満体となった経緯などを聴き取る。介護保険制度の説明を20分。「なんとかまた元の体に戻りたい」と本人。長女が○○地域包括支援センターに相談し「老いた母を助けたい」と申請した。
00.05.07（火） 15:00～16:00	【アセスメント】 アセスメントを聴き取りシートで進める。長女は不在。構音障害があるためゆっくりとしたやりとり。ADLの移動は一部介助、食事は治療食。見守りがあれば自分で食べられる。入浴、更衣、排泄は一部介助。肥満体のため寝返りが打てない。起居動作も介助が必要。気分にムラがあり、機嫌が悪いとベッドに寝たままになりがちという。
00.05.09（木） 14:00～14:20	【主治医：○○医師と面談】 現在の病状、服薬状況、治療方針について ケアプランに盛り込むべき項目を指示いただく 火曜日のアセスメント情報も提供する
00.05.09（木） 17:30～17:45	【長女に電話面談】 ケアプラン作成にあたり「どの曜日に実家へ行って介護を行うことが可能か」を聴き取る。通常の勤務シフトを聴き取り、緊急時の対応についても話し合う。
00.05.13（月） 13:30～12:00	【サービス担当者会議：開催】 ○雄さん自宅で開催。長女参加。 ※内容は第4表を参照
00.05.16（木） 13:30～13:50	【事業所モニタリング：○○デイケアセンター】 デイケアセンターの初日に立ち会う。サービス利用状況を確認する。話し相手もでき「元農家の人と野菜づくりの話題で盛り上がっている」と聞く。マシントレーニングは楽しいとのこと。

注釈：
- 日時と所要時間を記載する。
- 利用者（家族）の逐語は「　」で表記する。
- 表題は具体的に表記する。
- 就労支援も大切な役割。
- 5W1H+1W（思い）+1R（結果）で表記することを心がける。

※なお、監査や実地指導のチェック項目（例：加算要件、認知症加算の確認方法・判定の日と確認の日、退院・退所加算の面談回数等）は必ず記載します。
資料：「六訂 介護支援専門員実務研修テキスト（新カリキュラム対応）上巻」より

※目的別の表記例のため、象徴的な内容を紹介しています。

関係機関・介護支援専門員の判断	利用者・家族の考え方
CM)本人は前向きな性格(妻の弁)。糖尿病を20年来患っているのに飲酒がやめられず脳梗塞となる。肥満体の改善は必要。本人はまだ落ち込み気味。不安や悩みを聴き取り改善の方法が見えれば前向きに取り組めるだろう。	本人)「脳梗塞で倒れ、この1か月はとても辛かった。なんとか身体をよくしてまた野菜づくりに励みたい」 妻)「身体が大きいので介護が心配」 長女)「母の腰痛が悪くならないか、気がかり。近くなのでたまに来たい」
CM)アセスメントには協力的。本人は構音障害があることが辛いよう。前向きな性格なのでリハビリは頑張ってやりたいとのこと。妻は腰痛持ち。小柄で痩せているため移動介助や寝返り介助は「恐怖を感じることも」と話す。(後略)	本人)「クヨクヨしても仕方ない。リハビリは頑張りたい。」 妻)「明るい性格なので助かっています。ただ無理をしがちなのが心配です。どの介護サービスがよいか、教えてください」
医師)主治医意見書に記載した内容通り。 脳梗塞予防に体重の減量、治療食の徹底、リハビリと体操の重要性を指摘 CM)サービス担当者会議に出席できないので「申し送り」をもらう	
CM)長女なりにかかわる希望はある。電話のやりとりよりスマホのEメールがよいとのこと。まだ不安が大きいようだ。	長女)「父の介護が始まったと職場の上司に伝え、土日の夜勤シフトを避けてもらうように相談します」
出席)○○デイケアセンター(理学療法士)、○○歯科クリニック(歯科衛生士) 福祉用具レンタル(福祉用具専門相談員)	本人)「こうして皆さんが応援してくれるので頑張ろうと思う」 妻・長女)「皆さんのお話を聞き不安が消えました。これからどうぞよろしくお願いします」
理学療法士)「ご本人が前向きな性格なのでいい効果が期待できます。ただ自宅でのリハビリを基本通りにやってもらうことが肝心なので、丁寧に指導します」	本人)「野菜市で知り合いのNさんもここに通っているのでよかった。野菜づくりの話題が楽しい。来てよかった」

象徴的な利用者(家族)の言葉を表記する。

専門職、専門機関の判断や見立てを具体的に記載します。

連絡方法も電話よりEメールが一般的である。推測、予測も表記する。

初期のサービス立ち会いでは満足度を聴き取り専門職の意見も聞く。

ケアマネジメント業務

PART 2 8 給付管理業務

❶ 給付管理業務のポイント

　ケアマネジャーは利用料（原則：1割～3割の自己負担）と給付費（介護報酬：9割～7割の介護保険給付）にかかわる「コストマネジメント」の役割を担います。

(1) ミスをしないための配慮する注意点

　給付管理業務と介護報酬請求業務を同時に行います。もし報酬点数を間違えてしまう（例：サービスの未記入、加算サービスの誤記入および未記入、回数間違い）と介護報酬分の未払い遅延が生じ、サービス事業所に大きな迷惑をかけることになり経営を圧迫する事態も発生するかもしれません。

(2) 「サービス利用票」「サービス利用票別表」の作成と交付

　ケアマネジャーは「サービス利用票」（1か月単位の介護保険サービスの利用予定）と「サービス利用票別表」（支給限度額の管理や利用者負担額などの概算書）を2部作成します。

　利用者に同意・確認後に「同意署名欄」に署名または捺印をしてもらい1部を利用者に交付し、1部を事業所控えとして保管します。

(3) 「サービス提供票」、「サービス提供票別表」の作成と交付

　次に「サービス利用票」から各サービス事業者が提供する部分を転記して「サービス提供票」と「サービス提供票別表」を作成しサービス事業者に交付します。

(4) 実績が記入された「サービス提供票」、「サービス提供票別表」の確認

　各サービス事業者は、「サービス提供票」をもとに介護サービスを提供し、その実績をサービス提供票の「実績」欄に記入します。実績が記載された「サービス提供票」と「サービス提供票別表」がケアマネ

● 給付管理業務の流れ

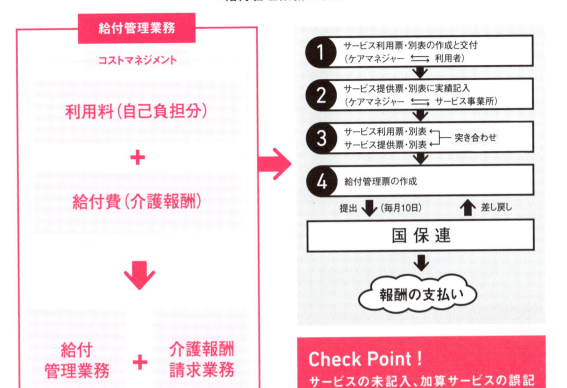

ジャーに返送されてきます。その内容を「サービス利用票（控）」に転記し、「サービス利用票（控）」の予定と「サービス提供票」の実績を突き合わせ、誤りがないか確認します。

体調不良などの利用者都合などで予定通りにサービス提供がなされなかった場合も起こるので特に注意します。

(5)「給付管理票」作成と国保連送付

「サービス利用票（控）」の内容を転記して「給付管理票」を作成します。「給付管理票」は毎月10日までに国民健康保険団体連合会（国保連）に提出します。国保連では、各サービス事業者から届いた介護給付費の請求書と明細書の内容とケアマネジャーが作成した「給付管理票」を「突合」して確認が行われます。

もし内容が一致しなければ「差し戻し」となり、サービス事業者への介護給付費の支払いが「1か月遅れ」ます。損害が生じるだけでなく、サービス事業者との信頼関係にも影響します。

ケアマネジメント業務　99

❷ サービス利用票（第6表）の書き方例

【区分支給限度額】
要介護度によって単位数が違います。これをオーバーすると利用者の「自己負担」となる。

認定済みか申請中、どちらかの区分を◯で囲む。新規・区変中・申請中に有効期間を超えてしまった時は申請中、その他は認定済みとなる。

認定済 ・ 申請中

年　　月分

【基本情報】
パソコンソフトで自動表記されるが入力ミスがないか確認。初回・更新時には被保険者証の写しを正確に転記する。

保険者番号	1 1 × × × ×	保険者名	◯ ◯ 市	居宅介護支援事業者事業所担当者
被保険者番号	1 2 3 4 5 6 7 8 9 0	フリガナ 被保険者氏名	◯ 山 ◯ 雄	保険者確認
生年月日	明・大・昭 ◯年◯月◯日 性別 男・女	要介護状態区分等	要介護 2	区分支給限度基準
		変更後要介護状態区分等変更日		

提供時間帯、サービス内容を記入する。

【サービス内容】
この欄は要約された表記になっているので、加算を含めて丁寧に利用者（家族）に説明する。

サービス事業者・事業所名を記入する。

【予定と実績】
予定しても「体調不良」などで利用しない場合は実績には反映されない。

提供時間帯	サービス内容	サービス事業者事業所名	日付	1	2	3	4	5	6	7	8	9	10
			曜日	日	月	火	水	木	金	土	日	月	火
9:00〜16:30	通所リハビリテーション	◯◯デイケアセンター	予定		1			1			1		
			実績										
	通所リハビリテーション入浴介助加算	◯◯デイケアセンター	予定		1			1			1		
			実績										
	短期集中個別リハビリテーション実施加算	◯◯デイケアセンター	予定		1			1			1		
			実績										
	リハビリテーションマネジメント加算(I)	◯◯デイケアセンター	予定										
			実績										
	生活機能向上リハビリテーション実施加算	◯◯デイケアセンター	予定										
			実績										
	通所リハビリテーション栄養改善加算	◯◯デイケアセンター	予定										1
			実績										
	特殊寝台貸与	福祉用具レンタル◯◯	予定										
			実績										
	特殊寝台付属品貸与	福祉用具レンタル◯◯	予定										
			実績										
	4点杖	福祉用具レンタル◯◯	予定										
			実績										

【利用日の記載】
利用予定の日付に「1」が入っているか確認。

サービス利用票（兼居宅（介護予防）サービス計画）

○○居宅介護支援事業所　作成年月日：平成○○年○月○○日　利用者確認

提出年月日

19616 単位／月

限度額適用期間：平成○○年2月から 平成○○年3月まで

前月までの短期入所利用日数　日

月間サービス計画及び実績の記録

	11	12	13	14	15	16	17	18	19	20	21	22	23	24	25	26	27	28	29	30	31	合計回数
	水	木	金	土	日	月	火	水	木	金	土	日	月	火	水	木	金	土	日	月	火	
		1			1			1			1			1			1			1		9
		1			1			1			1			1			1			1		9
		1			1			1			1			1			1			1		9
																						1
																						1
					1																	2
																						1
																						1
																						1

【利用者確認】
サービス利用票の内容を説明し、同意がとれたら、利用者確認欄に利用者、家族、成年後見人等に署名・押印をしてもらう。

【限度額適用期間】
介護保険の更新時期を利用者（家族）と確認。1か月前には「認定調査」があることも伝える。

【合計回数】
月間の利用回数が表示される。

Check Point！

1. 規則的なサービス（例：福祉用具、通所介護）の利用をチェック
2. 緊急時など不規則に利用するサービス（例：短期入所）のチェック
3. 加算やサービスの変更内容は繰り返し説明を行い、利用者（家族）の理解度をチェック

❸ サービス利用票別表（第7表）の書き方例

1か月の「介護サービスの予算表」です。
利用者の自己負担できる金額によってサービスの利用回数や種類を調整することもあります。

年　　月分

【サービス内容／種類】
どのようなサービス（加算含む）を利用しているかが表記される。

【単位数】
各サービスの単位（単価）と加算単位が表示される。同じサービスでも事業所の規模（小規模型、通常規模型、大規模型）によって単位数は異なるので要注意。

【区分支給限度基準額】
利用できる限度額。これをオーバーすると実費負担となる。

事業所名	事業所番号	サービス内容／種類	サービスコード	単位数	割引適用後 単(%)	割引適用後 単位数	回数
○○デイケアセンター		通所リハⅡ242	163762	●●●			
○○デイケアセンター		通所リハビリ入浴介助加算	165301	●●●			
○○デイケアセンター		通所リハ短期集中個別リハ加算	165613	●●●			
○○デイケアセンター		通所リハマネジメント加算(Ⅰ)	165601	●●●			
○○デイケアセンター		通所リハ生活行為向上リハ加算	166255	●●●			
○○デイケアセンター		通所リハ栄養改善加算	165605	●●●			
○○デイケアセンター		通所リハ処遇改善加算（別表に記載されます）		(●●●)			
福祉用具レンタル○○		特殊寝台貸与	171003	●●●			
福祉用具レンタル○○		特殊寝台付属品貸与	171004	●●●			
福祉用具レンタル○○		歩行補助つえ貸与	171010	●●●			
			区分支給限度基準額(単位)				合計

種類別支給限度管理

サービス種類	種類支給限度基準額(単位)	合計単位数	種類支給限度基準を超える単位数	サービス種類	種類支給限度基準額(単位)	合計単位数	種類支給限度基準を超える単位数
		合計					

要介護認定期間中の短期入所利用日数

前月までの利用日数	当月の計画利用日数	累積利用日数

サービス利用票別表

被保険者番号　1234567890　　利用者　○山○雄 殿

サービス単位数／金額	種類支給限度基準を超える単位数	種類支給限度基準内単位数	区分支給限度基準を超える単位数	区分支給限度基準内単位数	単位数単価	費用総額（保険対象分）	給付率（％）	保険給付額	利用者負担（保険対象分）	利用者負担（全額負担分）
●●●●										
●●●●										
●●●●										
●●●●										
●●●●										
●●●●										
●●●●										
●●●●										
●●●●										
●●●●										
●●●●					●●●	/	●●●	/	●●●	●●●

【サービス単位数／金額】
「単位数×回数」＝「総単位数」であり、サービスごとの「総金額」となる。

【利用者負担分】
支給限度基準額から超過してしまった場合は全額（10割）の負担金額となる。

「種類支給限度基準を超える単位数」の合計欄に等しくなるように単位数を種類別に割り振る。

【単位数や単価等】
報酬改定等により変更となる場合があるので「伏字」としている。

【利用者負担（保険対象分）】
介護保険の1割（または2〜3割）の負担分の合計単位です。

請求額2計算

保険請求分	公費請求額	社会福祉法人等による利用者負担の減免	利用者請求額

Check Point！
1. ケアプランソフトで自動計算されるが、目視で確認しよう
2. 支給限度基準額と利用者自己負担分のバランスを要チェック
3. 介護保険対象の自己負担（1〜3割）できる金額と介護サービスの内容のバランスをチェックしよう

PART 2

9 引き継ぎ

「引き継ぎ」とは「ケアの連続性」

利用者の立場に立った「引き継ぎ」が適切に行われることで、「利用者本位のケアの連続性」が守られます。「引き継ぎ」には次の場面が想定されます。
- 他市・他県への引越し
- 苦情やトラブルによる事業所変更
- 介護施設入所、居住系施設への入所
- 病院・老健への入院・入所
- 事業所内の担当者変更

地域包括ケアシステムとは、自宅と病院・施設などを「住み替え」しても、適切な介護サービスを受けながら住み慣れた地域で暮らし続ける仕組みです。ケアマネジメントの連続性によってどこにいても「本人らしい暮らし」の実現が可能となります。

「引き継ぎ」の「3つの心得」

「引き継ぎ」は、引き継ぐ側は「まったく知らない状態」だということを前提として進めましょう。引き継ぐ内容は利用者情報だけでなく、数年間のかかわりで蓄積された「明文化されていない暗黙知の経験・体験、ケアのコツや工夫」も含まれます。

引き継ぎは書面だけでなく「口頭で説明」（例：電話、面談、サービス担当者会議への出席）しましょう。

(1) 利用者基本情報を提供する

個人情報である利用者基本情報（生活史、生活歴、家族構成、医療情報など）はすでに共有化することの同意はもらっていますが、引き継ぎにあたり情報提供する旨の了解をとりましょう。

ただし、引き継ぎ先でも利用者基本情報を確認、追加、修正する目的で聴き取りをしてもらうことを依頼しましょう。

(2) ケアマネジメント情報を提供する

引き継ぎ作業で重要となるのが各種のシート類です。次の資料を直近1年分用意して提供しましょう。

●「引き継ぎ」で「ケアの連続性」を目指す

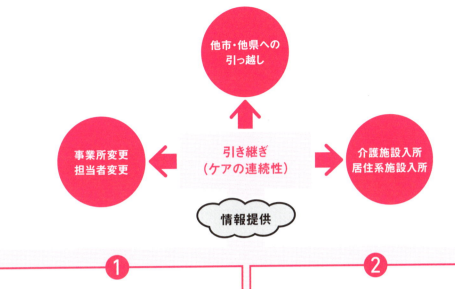

- ケアプラン第1表、第2表、第3表
- アセスメント表、課題整理総括表
- モニタリング表、評価表
- サービス担当者会議の議事録

　ケアプラン以外は要約・一部抜粋でよいでしょう。

(3) 個別サービス計画書等を提供する

　利用者（家族）にとって大切なことは「ケアサービスの連続性」です。利用者の状態像や好みやこだわり、ケアにあたり注意すべきこと（コツ、工夫含む）、医療的配慮、効果的な言葉かけなどは現場の介護職にとって「必須の情報」です。

- 各種個別サービス計画書（訪問介護、訪問看護、通所介護、通所リハ、短期入所、訪問入浴含む）と介護手順書
- 福祉用具サービス計画書
- 居宅療養管理指導の書面など

　利用者理解に役立つ写真やビデオ動画の提供も1つの方法です。

ケアマネジメント業務

Part 3

サービスコーディネート業務

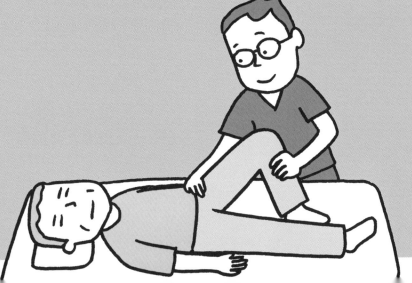

PART 3

1 サービスコーディネート

❶ サービス資源と利用者の調整

サービス資源とケアマネジメント

　ケアマネジメントでは利用者とサービス資源とのマッチングは大切な業務です。アセスメントとプランニング、事業所内カンファレンスのプロセスを通じて明確になったサービス資源と利用者（家族）との調整を行います。

　しかし、利用者（家族）の希望や利用条件が事業所の条件と合わない場合（不一致）には「調整・交渉」が必要となります。双方が合意できる「折り合える条件」を複数示し合意を目指します。このプロセス全体を「コーディネート」といいます。

〈調整・交渉する項目〉

　調整・交渉する項目は、利用時間、送迎頻度と時間、ケア内容、食事の形態、対応エリア、スタッフのレベル、疾患レベル、同性介護についてなどです。

利用者（家族）の希望を調整・交渉

　利用者（家族）の中には、利用したいサービスの種類や事業所名を指定する人がいます。利用者（家族）の希望だからと鵜呑みにして決めるのではなく次のように質問します。

・「どうしてそれを希望されるのですか」

　利用者（家族）がどのような情報源（新聞・折り込みチラシ、地元の評判や口コミ）から知ったのか、どのような人間関係（縁故、お誘い）があるのかを聴き取り、望む暮らしの実現のために利用者（家族）が適切な判断（選択）ができるように情報提供をします。

サービス資源との関係づくり

　コーディネートは「ピラミッド型」（上下関係）ではなく「フラット型」（中立・

● ピラミッド型とフラット型

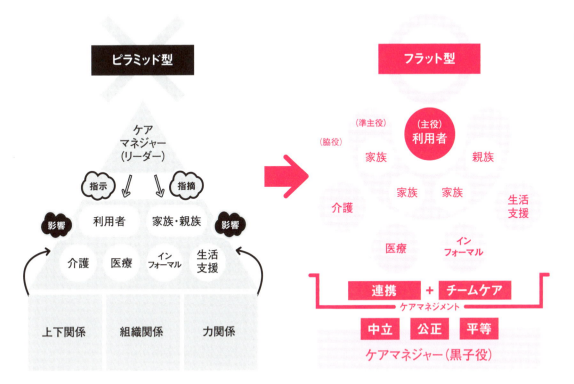

公正・平等の関係）で行うことが基本です。自法人（例：病院、特養、老健、民間会社）のサービスを優先するのでなく、利用者本位が基本です。サービス資源とは連係（組織の内なる関係：上下）でなく、「連携」（組織外との関係：対等、水平）の立場を保つことが重要です。

地域の研修会などの場で知り合う、事業所を訪問してみるなど「足で稼いだ情報」を利用者（家族）に伝えましょう。

コーディネート「3つの勘所」

コーディネートを円滑に進めるためには、利用者（家族）に複数の事業所や利用の仕方、メリットとデメリットなどを情報提供し、判断・選択がしやすい「環境づくり」をします。そのために3つの勘所を押さえて実行しましょう。

1 事業所の一覧表は電話番号、携帯番号、Eメールアドレスとともに「エリア・時間・対応レベル」をリストアップしておく
2 各サービス事業所に出向き「足で稼いだ情報」をストックしておく
3 サービス事業所ごとに迅速に対応してもらう勘所を書いておく

介護保険のパンフレット　　　事業所のパンフレットやニュース

❷ 事業所情報の収集

市町村発行の事業所一覧

　市町村では介護保険のパンフレットを発行しています。市町村によっては介護保険への取り組みのスタンスや特徴（例：横出しサービス）を紹介しています
　〈内容〉
・介護保険の仕組みと介護保険料
・認定調査と要介護度、利用の仕方
・介護サービス事業所一覧
・医療機関等の一覧
　一覧は表となっているタイプと地図に書き込まれているタイプがあります。利用者（家族）が介護保険課などから渡される情報です。利用者へのインテーク時にも持参して介護保険の説明に使います。

事業所情報は「足で稼ぐ」

　市町村や地域包括支援センターが発行している事業所一覧は公平性を期すために情報量は均一となっています。
　そのため事業所ごとの特徴や強み・持ち味がわからないため、利用者（家族）が事業所を選ぶには十分ではありません。
　また、都道府県が行っている第三者評価や介護サービス情報の公表も参考になる情報ですが、そこから利用者（家族）が「サービスの質や特徴」までを読み取ることはできません。

足を運んで情報収集

リストアップ

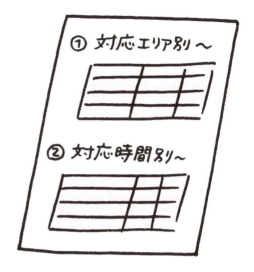

（1）事業所パンフレット類を集める

　各サービス事業所や医療機関、母体法人などで発行しているパンフレットやニュース類などは集めて保管しておきましょう。利用者（家族）に事業所の説明をする際に活用します。

（2）事業所に足を運ぶ

　実際に足を運び見学をする、了解をもらい写真を撮る（例：外観、玄関、スタッフ、送迎車）、スタッフにケア内容をインタビューする、利用者に感想を聞くなどしましょう。さらに他のケアマネジャーから評判を集めるのもよいでしょう。直接入手した情報をストックし、事業所の中で共有しましょう。

・「〇〇事業所で特に力を入れている点を教えていただけますか？」

・「利用者さんやご家族には、こちらをどのように説明をすればよいでしょうか？」

リストアップで業務を効率化

　介護サービス事業所や医療サービスなどの資源を特徴別に整理しリストアップしておきましょう。

・対応エリア別事業所一覧（冬期、災害時など含む）
・対応時間別事業所一覧
・対応レベル（例：認知症、重度疾患、精神疾患など）別事業所一覧
・医療機関別一覧（病院、医院・診療所、歯科、往診エリア、看取りなど）

　特に中山間地域や島嶼地域の「限界集落エリア」に暮らす利用者への支援では大いに役に立ちます。

PART 3

2 本人（家族・親族）

本人が行うこと（自助）

　介護保険の基本は自立（自律）支援です。ケアプラン第2表のサービス内容と種別に「本人」が行うことが入っていないと利用者は自分は何をやってよいかわからず、「受け身」になってしまいます。
・できない事をできるようにする
・悪化しそうな機能を維持・改善する
・さらにできるようにする（向上）
・家族介護や介護サービスの提供時に本人が協力できる事をする

　これらを行えるようになるために、利用者本人にサービス内容を意識づけ、やる気を引き出すように動機づけます。
　次の視点で本人から聴き取りましょう。
・自分で行うこと
・自分で行いたいこと
・自分で行えそうなこと
・○○の見守り・声がけ・介助（福祉用具含む）があれば行えること

家族が行うこと（互助）

　家族・親族は大切な「支える資源」です。家族の意向の聴き取りや家族のアセスメントを行う際に、介護サービスへの要望や家族の困り事ばかりではなく、家族のライフスタイルを聴き取り、
・「どのような介護（例：食事介助）ならできそうですか？」
・「介護にどのような不安がありますか？」
　などを聴き取り、家族ができる事、家族だからできる事を一緒に考えます。

支え手を身内で増やす（互助）

　家族だけでなく利用者の兄弟姉妹やその配偶者、いとこ、甥・姪が支え手となることもあります。ジェノグラムをつくり広い視点から「身内の支え手」を掘り起こし、ケアプラン第2表に位置づけましょう。
・暮らしのサポート（例：食事、入浴）
・心のサポート（例：話し相手）

PART 3 訪問介護

訪問介護はオーダーメイドサービス

訪問介護は、利用者の暮らしを支える身近なサービスです。利用者の自宅（居室）で提供される介護サービスですから、利用者の生活習慣や生活リズムへの配慮と尊重が基本です。いわば「本人らしい暮らし」を前提とした「オーダーメイドの介護サービス」を提供します。

サービス開始にあたりサービス提供責任者との丁寧な打ち合わせで「本人らしい暮らし」と「希望（意向）」の聴取を行い、必要なら交渉を行います。

訪問介護は本人の自立（自律）が基本の「生活支援」

自立（自律）した生活支援の訪問介護の種類には2つあります。

（1）生活援助

日常生活を送る上で必要な家事の中で利用者が「できない部分」を支援します。

例：掃除、洗濯、調理、買い物など

（2）身体介護

利用者の日常生活動作（ADL）にかかわる介護を直接、身体に触れて行います。

例：体位変換、水分補給、服薬介助、歩行、更衣、清拭、洗身・洗髪、整容、口腔ケア、洗面、排泄介助、おむつ交換、外出・通院介助、本人と行う家事援助など

（3）身体介護＋生活援助

身体介護と生活援助を同一訪問サービス時に提供します。

多様な支援の方法を考える

過度な生活援助導入にならないよう次のポイントでプランニングしましょう。
- 福祉用具等を使っても本人一人でできないのか？
- 利用しないと生活が維持できないか
- 同居・近居の家族でできることはないか

訪問介護でできないことを依頼されたら、自費サービスや地域の有償ボランティアなど適切なサービスを紹介します。

● 訪問介護でできること

- 手が不自由な利用者のための食事の下ごしらえと後片付けの手伝い
- 同居家族が長期に不在のため、トイレや風呂の掃除
- 同居家族がいても仕事の都合などで留守にすることが多い場合の食事の準備
- 洗濯機がなく、歩行も困難な利用者のためのコインランドリーでの洗濯（洗濯中は他業務を行う）
- 通院の際のタクシーへの同乗や介助（通院等乗降加算）
- 爪切りや耳掃除、歯磨きや入れ歯の手入れ（ヘルパーの医薬に関する行為は一定の条件が必要）
- 透析後の病院からの帰宅の際だけの付き添いや介助（通院等乗降加算）
- 利用者や家族の同意がある場合、処方箋を預かって薬の受け取りをすること
- 車いすのタイヤに空気を入れるコト
- 足腰が悪く自分で買物に行けない場合に代行や同行で買いに行くこと
- 嚥下機能が低下した利用者のために、食事を食べやすくするための調理をする
- 紙おむつを使用している利用者のために、紙おむつを買いに行くこと

● 訪問介護でできないこと

- 留守番
- 草むしり
- ペットの世話
- 洗車や車内清掃
- 家屋の修繕
- 部屋の模様替え（家具の移動等）
- 家族のための家事
- 金銭の取り扱い
- 年末の大掃除や衣替え
- 医療行為
- 嗜好品、贈答品の買物
- 肩や腰のマッサージ

PART 3

4 訪問看護

在宅での医療的処置と病状の観察等が必要な利用者には必須の訪問看護サービス

　訪問看護・訪問リハビリテーションは、医療的処置や病状の観察等が必要な利用者が住み慣れた地域や自宅（居室）で、療養生活が送れるために看護師等が生活の場へ訪問する「訪問医療系サービス」です。訪問看護には医療保険と介護保険の2種類があり、主治医の指示により決まります。それぞれ、利用する流れは異なります。

　訪問看護は医療的処置だけではなく、医師や関係機関と連携を取り在宅での療養生活を支援します。

●訪問看護の8つの役割

療養上のお世話
身体の清拭、洗髪、入浴介助、食事や排泄などの介助・指導

医療処置
かかりつけ医の指示に基づく点滴、胃ろう管理、褥瘡処置など

医療機器の管理
人工呼吸器、吸引・吸入器、在宅酸素などの医療機器類の管理

健康状態、病状の観察
病気や障害の状態、血圧・体温・脈拍などのチェック

リハビリテーション
ADLにかかわる拘縮予防や機能の回復、嚥下機能訓練等

日常生活のアドバイス
食事のとり方、栄養指導、身体の清潔の保持、排泄管理の助言と療養生活上の相談

住環境へのアドバイス
自宅の在宅療養の環境づくりのための補助用具や福祉用具等の導入のアドバイス

ターミナルケア
主治医や多職種と連携・協力し、看取りの支援を行う

●医療保険と介護保険で訪問看護を利用する流れ

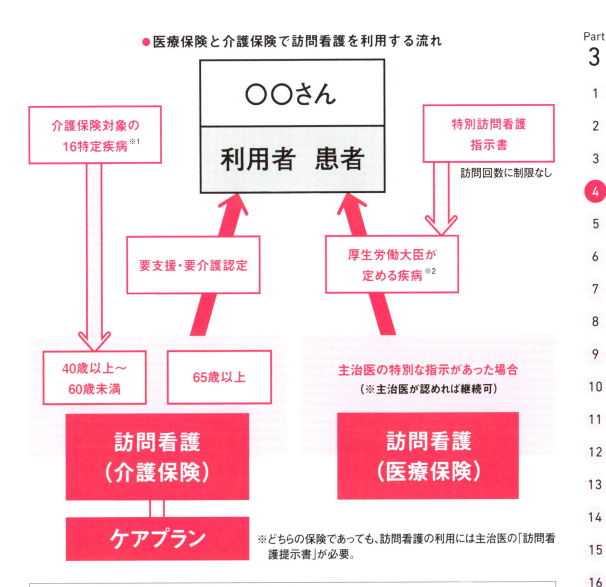

※どちらの保険であっても、訪問看護の利用には主治医の「訪問看護提示書」が必要。

※1 介護保険の対象となる16特定疾病
がん末期、筋萎縮性側索硬化症、後縦靭帯骨化症、骨折を伴う骨粗しょう症、多系統萎縮症、初老期における認知症（アルツハイマー病、脳血管性認知症等）、脊髄小脳変性症、脊柱管狭窄症、早老症（ウェルナー症候群等）、糖尿病性神経障害、糖尿病性腎症及び糖尿病性網膜症、脳血管疾患（脳出血、脳梗塞等）、進行性核上性麻痺、大脳皮質基底核変性症及びパーキンソン病、閉塞性動脈硬化症、関節リウマチ、慢性閉塞性肺疾患（肺気腫、慢性気管支炎等）、両側の膝関節または股関節に著しい変形を伴う変形性関節症

※2 厚生労働大臣が定める疾病
末期の悪性腫瘍、多発性硬化症、重症筋無力症、スモン、筋萎縮性側索硬化症、脊髄小脳変性症、ハンチントン病、進行性筋ジストロフィー症、パーキンソン病関連疾患（進行性核上性麻痺、大脳皮質基底核変性症、パーキンソン病（ホーエン・ヤールの重症度分類がステージ三以上であって生活機能障害度がⅡ度又はⅢ度のものに限る。）、多系統萎縮症（線条体黒質変性症、オリーブ橋小脳萎縮症及びシャイ・ドレーガー症候群）、プリオン病、亜急性硬化性全脳炎、ライソゾーム病、副腎白質ジストロフィー、脊髄性筋萎縮症、球脊髄性筋萎縮症、慢性炎症性脱髄性多発神経炎、後天性免疫不全症候群、頸髄損傷、人工呼吸器を使用している状態

PART 3

5 訪問歯科

訪問歯科は口腔ケアと摂食・嚥下リハビリテーションには必須サービス

　口腔ケアや摂食・嚥下のリハビリテーションが注目されています。それは栄養の改善やADLの維持、食の楽しみによる生活機能の改善、噛み合わせの改善による脳への刺激と認知機能の維持・改善にはじまり、歯ブラシや粘膜ブラシによる口腔ケアにより、口の中が清潔に保たれ、誤嚥性肺炎の発症率を低下させる効果などがあるからです。

　訪問歯科診療には健康保険と介護保険があります。健康保険では歯科の治療などを行い、介護保険では居宅療養管理指導として、口腔の清掃、義歯の管理指導、食事形態の指導と食べる訓練、口や頬の筋肉のマッサージ、舌や唇の運動などを行います。

● 訪問歯科8つの役割

- 入れ歯の製作や調整
- 虫歯の治療
- 義歯やかぶせ物によるブリッジの治療
- 歯周病の治療 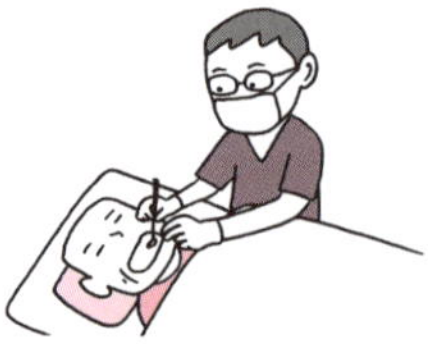
- 歯や入れ歯の清掃方法の指導
- 抜歯（歯を抜く）
- 食べ方、飲み方の訓練と指導
- 食形態の指導

● 口腔ケアが高齢者に与える治療効果

発音改善、容貌回復、口臭改善	食べる楽しみと低栄養予防	脳への刺激による認知症予防

歯周病の予防 歯の喪失の防止	唾液分泌の促進	誤嚥性肺炎の予防 / 気道感染予防

要介護度悪化の予防

※1 間接訓練
食べ物を用いず、摂食嚥下に関わる気管の働きを改善させるために行う訓練。
・喉のアイスマッサージ:嚥下反射を誘発させることが目的。嚥下障害のある方全般を対象に行われます。
・皮膚のマッサージ:よだれが多い、口を閉じられない、常に唾液でむせてしまうという方に行います。唾液の分泌量を減少させることが目的です。
・深呼吸・嚥下体操・カタパラ体操・あいうべ体操:誤嚥がある、飲み込むタイミングが合わないという方に行います。呼吸と嚥下のパターンをコントロールさせることが目的です。

※2 直接訓練
嚥下障害の度合いが中等度～重度の方を対象とする、実際に食べ物を用いて行う訓練です。
誤嚥・窒息などの危険性を伴うため、医師の管理下で行います。
・本人の状態にあった食事の姿勢の指導
・本人の状態にあった食べ物の形態や一口量、食べ方の訓練
・栄養士と協力して、食材選び、食の形態(刻み、ペースト)、調理法などの指導

PART 3
6 訪問リハビリテーション

訪問リハビリテーションは生活の場で「改善の効果」が見える

　訪問リハビリテーションは理学療法士、作業療法士、言語聴覚士等が利用者が暮らす「生活の場」に出向き、日常生活の自立と地域社会への参加の向上を図ることを目的としています。サービス提供にあたり利用者のADLとIADL、心身機能と生活動線、そして住環境を専門的な視点でアセスメントします。心身障害、生活障害、住環境等を確認し、利用者自身の機能維持・向上を図りつつ、医療機関では行うことができない生活場面に即したアプローチを行います。

● **訪問リハビリテーション8つの効果**

病状の観察	ADL指導・身体機能（筋力、柔軟性、バランス等）の維持、改善	痛みの評価と物理療法等の疼痛緩和
福祉用具または補装具の評価と相談		住宅改修の評価と相談
摂食嚥下機能やコミュニケーション機能の改善	QOLの向上や趣味、社会参加促進のための助言	家族への介護指導

PART 3

居宅療養管理指導

居宅療養管理指導は目的に応じて専門職をチョイス！

在宅で療養していて通院が困難な利用者へ、目的に応じて「医師、歯科医師、看護師、薬剤師、管理栄養士、歯科衛生士など」が自宅（居室）を訪問し療養上の管理や指導・助言等を行うサービスです。

ケアプラン作成に必要な情報提供も依頼しましょう。

1 ケアプラン作成に必要な情報提供
2 利用者（家族）には在宅での生活を継続するための助言と介護サービスを利用する上での留意点の助言
3 利用者（家族）への介護方法の指導や助言

情報提供や指導・助言はサービス担当者会議の場が基本となっていますが文書（ファクス、Eメール）でもよいとされています。

●**居宅療養管理指導を行う医療専門職**

医師	歯科医師	薬剤師
（月2回が限度）	（月2回が限度）	（月4回が限度）
歯科衛生士	保健師	看護師
（月4回が限度）	（6か月間で2回が限度）	（6か月間で2回が限度）

●**居宅療養管理指導の実務チェック！**

①支給限度基準額の対象外
居宅療養管理指導は医師等の判断で必要に応じて実施され、支給限度基準額の対象にはなりません。

②給付管理票への記載は不要
介護報酬の請求は医院から直接国保連合会へ行うので、居宅療養管理指導を給付管理票に記載する必要はありません。

③診療情報提供書は保管
毎回、情報提供される「診療情報提供書」を読み込むことで、医療チームとの多職種連携が取りやすくなります。

PART 3-8 訪問入浴

訪問入浴は「清潔保持・リラックス、入浴事故の回避」ができる

訪問入浴サービスは、寝たきりで通所介護も利用できない、自宅のお風呂にも入れない利用者を対象としていて、次の3つの特徴があります。

（1）清潔の保持ができる

寝たきりだと汗や尿失禁・便失禁などによって皮膚がむれてしまい褥瘡の原因になります。

特に臀部などは全体重の50％がかかるために清潔にすることはとても重要です。

（2）心のリラックスが提供できる

日本人は、汗を流す「シャワー文化」ではなく、浴槽の湯に肩までつかる「風呂文化」を好みます。湯船の中で温まることでリラックスし、爽快感でいっぱいになる入浴の効果は、寝たきりの利用者にとっては「心の介護」ともなりえます。

（3）入浴介護の危険を回避できる

家族が自宅で寝たきりの利用者を入浴させるには、さまざまなリスクが伴います。浴室内の環境は危険（段差、すべりやすい、支えられない）であり、溺水や転倒の危険も訪問入浴で回避できます。

●訪問入浴導入の3つのポイント

①主治医に必ず確認を！
医療的にみて入浴可能なのかどうか。既往症、感染症、皮膚病などの観点から主治医に「入浴可否意見書」をもらいます。

②居住環境を確認する！
駐車場から部屋までの距離、風呂場や台所の給湯設備から入浴場所の距離（ホースの長さ）、近隣の道路事情などを地図や間取り図を使って情報提供しましょう。

③導入時は必ず「立ち会い」
利用者（家族）は実際にどのようにして入浴するのか不安があるので、初回導入時には必ず立ち会ってもらいましょう。

訪問入浴の流れ

看護師が当日の利用者の体調チェックを行います。入浴開始から終了するまで看護師が付き添っています。

発熱や臥床時と起床時の血圧の変化に注意し、主治医にどの程度の値で入浴できないか、確認しておきます。

看護師を含むスタッフ3名で脱衣の介助を行い、入浴準備が整ったらスタッフ全員で安全に布団等から浴槽へ移乗をします。入浴中も着替えの時もタオルを掛け、肌の露出を避けます。全身入浴が困難な場合は清拭や部分浴とする場合もあります。なお利用にあたって主治医から「入浴可否意見書」をもらいましょう。

●訪問入浴の流れ

利用者宅の水を訪問入浴車に給水します。

入浴車で沸かしたお湯をバスタブに送ります。

台所の給湯設備からお湯をバスタブに送ります。

バスタブは居室、廊下、居間など適切な広さがある場所に置き、入浴作業を行います。給湯は自宅の風呂場や給湯設備から行う場合と訪問入浴車から行う場合があります。

家庭の浴室からバスタブにお湯を送ります。

1回のサービスは約40分間

準備(約15分間)	健康チェック
	脱衣・浴槽へ移動
入浴(約10分間)	顔拭き
	洗髪
	洗身
	上がり湯
片付け(約15分間)	移動・着衣
	健康チェック

PART 3

9 通所系サービス

通所系サービスは「お出かけ型」

通所系サービスは、利用者がサービスの場に「お出かけ」をして利用します。

次の3つの効果が期待できます。

（1）人との出会いとふれあいの機会

とかくひきこもりがちの生活に「人との出会いとふれあい」が生まれます。さまざまなアクティビティやレクリエーションで楽しさづくりや生きがいづくりができ、リハビリテーションでは心身の機能を改善したり、利用者の心と体の活性化につなげます。

（2）生活リズムをつくる

通所系サービスでは半日～1日を通して、食事・入浴・遊びや趣味、リハビリテーションなどを行うので生活のリズムを取り戻す効果が期待できます。

（3）介護者のリフレッシュタイム

家族介護者にとって利用者が通所系サービスに行っている時間は「束の間の休息」であり、なによりのリフレッシュタイムです。

また、家事や用事、仕事などにあてることができる「貴重な時間」でもあります。とりわけ認知症高齢者を介護する家族にとっては介護負担の軽減をはかることができる（レスパイト・ケア）頼りになるサービスです。

こだわり系が多いのが通所介護

通所介護は他業種から参入しやすく、乱立状態なので、事業所間での介護サービスの差別化と工夫が進んでいます。

建物も特養や老健などの施設併設型から、家庭的な雰囲気でサービスを提供する民家改修型、空き店舗を改修した店舗改修型までさまざまです。

まずは地域の通所系サービスに足を運び見学や体験をしてみましょう。事務所の了解がとれるのであれば動画などを撮っておくと、利用者（家族）への説明の際にはとても力になってくれるでしょう。

●通所系サービスの種類

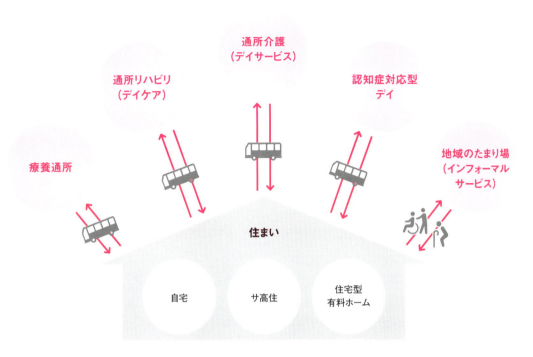

通所介護サービス（デイサービス）

小規模型から通常規模型、大規模型では環境や提供されるサービスは異なります。おもてなし系と自立支援を目指す身体機能改善系でもサービス内容は異なり、提供内容は多様です。男性の利用者向けに工夫を凝らしているところも増えています。

遊びやゲーム、カラオケ、コーラス、おしゃべりなどで一日を過ごすのがおもてなし系です。身体機能改善系では機能訓練中心のメニューやさまざまな仕事（例：木工作業、野菜づくり）を担ってもらうなどの工夫を凝らしているところもあります。

昼食は自己負担なので献立の内容（行事食含む）、食材へのこだわり（無農薬、地産地消）、調理法（施設内調理の有無）、特別食・治療食の有無と内容などを把握して利用者（家族）に情報提供します。

通所リハビリテーション（デイケア）

デイケアは介護老人保健施設か病院・診療所が行っています。食事や入浴などの日常生活上の支援のほかに、理学療法士、作業療法士、言語聴覚士などから生活機能向上のために次のような機能訓練を受けます。

- **身体機能**：関節拘縮の予防、筋力・体力の維持、褥瘡の予防、口腔ケアの指導
- **日常生活**：歩行練習（屋内、屋外）、基本動作訓練（寝返り、起き上がり、移乗動作など）、

日常生活動作訓練（階段の昇降、入浴、トイレ動作など）

ユニークなレクリエーションもあり、食事・入浴がなくリハビリテーションだけの「短時間リハ」の利用も可能です。運動特化型や個別機能訓練のプログラムは比較的男性が好みます。

認知症対応型デイサービス

　一般のデイサービスでは対応できない利用者（例：認知症の症状のBPSDが極端に現れる、暴言などの迷惑行為がある方など）が対象です。

　主に日中に認知症対応型グループホームが行っている「共用型」と通所介護等の施設をパーテーションなどで区切っている「併設型」、事業者が単独で運営する「単独型」があります。

療養通所介護サービス

　難病をもつ中重度者やがん末期の利用者、医療処置が必要な利用者（気管切開、留置カテーテルなど）が対象で、医療的なケアが提供されます。

　訪問看護と療養通所介護の組み合わせで医療依存度の高い利用者の在宅生活を支援します。

地域のたまり場・通い場（インフォーマルサービス）

　地域包括支援センターやボランティアが主催したり、あるいは介護家族会や認知症家族の会が自主的に集まって話をする「たまり場」があります。通所系サービスは苦手だけど、このような場なら参加してもよいという方もいます。

　通常は少人数で月2〜週1回程度です。「なじみの人間関係」で会話もはずみます。

PART 3

10 短期入所系サービス（ショートステイ）

在宅介護継続の「強い味方」！

短期入所生活介護（ショートステイ）と短期入所療養介護（メディカル・ショートステイ）は、「**短期間のお泊り（毎月数日〜7日間）**」ができるサービスです。ショートステイのメリットは3つあります。

(1) 家族の介護負担の軽減

同居介護は「すぐに対応できる」メリットがありますが、24時間365日、その状態が続くことで、かなりの介護ストレスを抱えることになります。また夜間、トイレの度に起こされるなど睡眠不足は家族を精神的にも体力的にも追いつめます。

短期入所の定期利用のおかげで家族のストレスと介護負担が軽減し、「在宅生活の継続」が可能となることもあります。

(2) 介護家族の緊急時の対応

介護家族の大変さは自分の暮らしや仕事と介護の「両立」です。冠婚葬祭ごとから急な出張や勤務シフトの変更、そして老老介護でよくあるのが主たる介護者が入院して自宅で利用者だけになる、などの緊急事態です。そのような時に頼りになる短期入所系サービスは「強い味方」です。

(3) 介護放棄や虐待的環境からの一時避難

家族が介護を放棄している、家族から暴言・暴力を受けているなどの「**虐待的環境**」のために生命の危機的状況が予測される場合にも利用できます。この場合は地域包括支援センターや行政がケアマネジャーとともに対応にあたります。

このほかに、入所を希望する特別養護老人ホームのショートステイを利用しながらベッドが空くのを待つ（入所待ち）利用の仕方もあります。

●短期入所サービスの特徴と利用のポイント

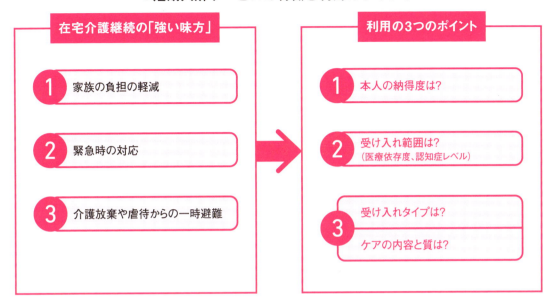

短期入所系利用の3つのポイント

(1) 本人が「利用」を納得しているか

通所介護は定期的に利用を始めると「なじみの人間関係」が生まれます。短期入所では「いつも初対面の人」と過ごすことになるのが現実なので、孤独感を抱く人もいます。利用にあたり「本人の納得」が大切です。本人らしさを尊重したケアが提供されるように丁寧な情報提供を行います。

(2) 受け入れ範囲をしっかり確認する

医療依存度が高い（例：気管切開、胃ろう、ストーマ、留置カテーテル、人工酸素）利用者にどこまで専門的な対応ができるか、認知症レベルはどこまで受け入れ可能かなどを確認します。

(3) 受け入れのタイプとケアの質

受け入れも空きベッド（特養のみ）か専用ベッドか、個室か4人部屋か、ふだんの空き状況を確認します。3か月前から予約を受けつけていますが、緊急ショートが可能かどうかも確認します。また「空き状況」をインターネットで公開しているのかどうかも確認しておきましょう。

本人の「心の安定」を図るために、ふだん使っているなじみの生活用品の持ち込みが可能かどうかも大切な要素です。

状態悪化の可能性があると予測されたら、事前に施設側により詳しい情報を伝え、急変時の連絡先や病院受診をどうするかを話し合っておくと施設側も注意を払ってくれます。

PART 3

11 福祉用具サービス

自立(自律)した生活を支える「4つの道具」として使いこなす

　福祉用具は、利用者のIADLを支援する「①暮らしの道具」であり、シルバーカーや車いすを使うことでなじみの場所に出かける機会をつくる「②社会参加を促す道具」になります。また、介護者の移動介助や排泄介助などの「③介護負担を軽減する道具」であり、さらにふらつきや転倒などの「④介護事故を回避する用具」です。

　福祉用具の導入にあたってはかならずサービス担当者会議を開きます。利用者(家族)から日常生活でどのような場面で困っているか、どのようになるとよいか、誰がどのような状況で使うのかを事前にヒヤリングし、会議の場で主治医やリハビリテーションの専門職、介護職員、福祉用具専門相談員などからのアドバイスをもらい、効果的な導入について話し合います。

　また住宅改修を同時に行うなら設計士や施工業者と情報の共有化を図ります。

福祉用具導入の3つのポイント

　福祉用具の導入にあたり、次の3つの視点で整理して福祉用具を選びましょう。

(1)使う目的に応じて選ぶ

　使用する目的(例:移動時の転倒予防、排泄時の立ち座り、入浴時の洗身、朝の起居、ベッド上での食事、寝返りなど)と何を解決したいのかを明確にします。

(2)使用する本人と介護者に応じて選ぶ

　使用する本人と介護者の個別性(例:年齢、体力、心身機能、理解力、記憶力など)に応じて選びます。本人・介護者の操作ミスで介護事故となる可能性もあるからです。

(3)使用する場所に応じて選ぶ

　使用する場所(例:居室、居間、廊下など)によって「使える広さ」は異なるので、「使いこなせる福祉用具」を選びます。なにより利用者(家族)や介護者の「使い勝手」を考慮しましょう。

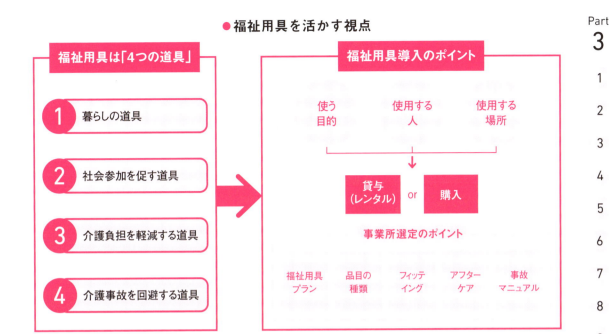

●福祉用具を活かす視点

「貸与」と「購入」の目利き

　介護保険では福祉用具は基本的に「貸与（レンタル）」です。でも排泄や入浴にかかわる品目は他人の使用したものを使うことに抵抗感が強いために「購入費（特定福祉用具販売対象品目）」等が給付されます。また市町村独自の福祉用具貸与サービス（横出しサービス）もあるので、情報収集し、導入が可能ならケアプランに組み込みましょう。

事業所選定と調整・交渉のポイント

　レンタルや購入をどの事業所から行うかの判断は次の視点を参考にしましょう。

1 福祉用具専門相談員が適切なアセスメントを行い福祉用具プラン（個別サービス計画）を作成しているか

2 福祉用具の品目のバリエーション（価格帯も含む）は豊富か、安易な値引きをしないか

3 フィッティングに専門的な知識と技術をかけて行うか

4 使い勝手や不具合をフォローするアフターケアがあるか

5 介護事故、リスクマネジメントへの対応マニュアルはあるか

　初期のモニタリングは福祉用具専門相談員やセラピストと一緒に行いましょう。「ヒヤリハット体験」などを本人（家族）から聴き取り、必要に応じて福祉用具の変更等を行います。

PART 3

12 住宅改修

住宅改修は「住環境整備」の視点で

　介護が必要となっても自宅で自立した暮らしを続けるには、福祉用具の導入だけでなく住宅改修や模様替えなどの「住環境整備」はとても効果的です。

　住宅改修（住環境整備）は次の4つの点を整理して説明しましょう。

（1）気がねのない自立した生活が送れる住環境づくり

　移動、排泄、入浴など「暮らしの行為」の介護はとかく家族に気兼ねするものです。転倒予防のための廊下や階段の手すり設置、洋式便器の立ち座りのための手すりの設置、浴槽につかる・立ち上がるための手すりの設置などで一人で行えるようになり、家族に気兼ねすることが減ります。

（2）家庭内事故（転倒、転落など）の予防

　家庭内事故は要介護となるきっかけとなります。ふらつきや目測の誤りなどで敷居や段差につまづいたり、玄関の上がりがまちを踏み外したり、階段から転落、浴室での転倒などの家庭内事故を予防します。

（3）介護者の介護負担を軽減する

　狭いトイレでは排泄介助はかなり負担です。古い浴室での入浴介助は介護者の身体に負担がかかるだけでなく事故（転倒、溺水）の原因となります。

　住宅改修で介助スペースを確保し、手すりを設置することで介護者の身体的負担は軽減（例：腰痛、肩こり）できます。

（4）地域に出かける「社会参加」が可能に

　要介護状態になると「閉じこもり、ひきこもり」になるのは「外出ができない」からです。

　地域にお出かけをするためには次のような住環境整備があります。

- 玄関にハーフステップを置き、手すりを設置する
- 玄関から道路への階段に手すりを設置する（車いすを使用ならスロープ化をする）

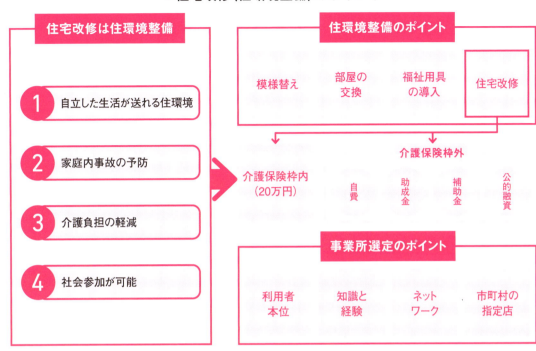

●住宅改修（住環境整備）のポイント

なお、住宅改修ありきでなく、まずは本人（家族）の「生活動線」に沿って家具類の模様替え、部屋の交換（住み替え）、福祉用具の導入などを検討します。

介護保険の枠内・枠外を明確に

本人（家族）のニーズに基づき、介護保険の枠内でできること（例：手すり、段差解消、便器の交換、ドアノブの交換）と枠外のものを整理し対応を検討します。

また、市町村の助成金・補助金、公的金融機関の融資制度などもあるので、市町村の介護保険課・住宅課や地域包括支援センターで情報収集をしておきます。

事業所選定のポイント

次の項目ごとに事業所（設計事務所、工務店）の情報収集をしておきましょう。

・利用者本位の姿勢
・住宅改修の「知識と経験」の有無
・事業者が介護・福祉のネットワークをもっているか

自治体によっては住宅改修事業者の指定制度を行ったり、住宅改修の勉強会などを行っている工務店もあります。地域包括支援センターや商工会議所・商工会で情報収集をしておきましょう。

PART 3

小規模多機能型居宅介護サービス
（地域密着型サービス）

「通い・訪問・泊まり」で在宅生活を支える多機能型ケアシステム

　小規模多機能型居宅介護サービスは、「住みなれた地域（自宅）で暮らし続ける」ことを目指し、3つの在宅サービスを合体させた多機能型在宅ケアシステムです。

- 「通い、泊り、訪問」で支える
- 「緊急時・夜間」でも「24時間・365日」対応ができる

　小規模多機能型の特徴は包括報酬なので「自由度が高い」ことが挙げられます。通所介護も午前のみの利用でもOK。訪問介護も時間の制約はありません。泊りも数か月前からの予約も必要なく、泊まる場所はいつも一日を過ごしている場所なので安心して眠ることができます。

「在宅24時間支援」のケアマネジメントの4つの特徴

　「在宅24時間支援」の小規模多機能型居宅介護では次の効果が期待できます。

1 「なじみの地域」で「本人らしい暮らし」を続けることの支援を目指す

　「本人らしい暮らし」は地域と密接な関係にあります。寄り合い、近所付き合い、趣味の仲間などの「地域の人間関係」を「心の支え資源」と位置づけます。地域の細やかな目とかかわりは「見守り機能」にもなり、認知症の人には小規模多機能ケアはとても効果的です。

2 本人（家族）の「いざという時」に柔軟に対応できる

　「サービス本位で組み立てられた生活リズム」では、本人（家族）の「いざという

● 小規模多機能型居宅介護サービスの特徴

時」に柔軟に対応できません。本人（家族）本位の小規模多機能型居宅介護では「オーダーメイドなケア対応」ができます。

3 本人がもつ「強み」に着目した個性を尊重したケアが目指せる

小規模ケアのよさは「ケアの目の細かさ」です。少人数がつくるゆるやかな生活のリズムの中で「本人の強み」に着目し、なじみの職員たちが日々を支えます。

4 「地域が育つ」ケアが行える

地域密着型サービスですから、市町村が介護保険事業計画で日常生活圏域ごとに整備計画を進めます。その目的は、小規模多機能型居宅介護がもつ「地域福祉力のアップ」にあります。なじみの地域を巻き込んだケアマネジメントを通じて、介護への意識や理解は深まり、地域の福祉力をアップさせるカギとなります。

地域生活支援の2つのポイント

小規模多機能型サービスの基本は「なじみの地域での生活支援」です。

(1) 地域支え合いマップづくり

利用者の自宅を中心に地域の周辺マップをつくり、なじみの人、なじみの店舗、なじみの場所、支え手（民生委員、町会長など）をマッピングします。

(2) ライフサポートプランで「これまで」に着目し「これから」を考える

小規模多機能型居宅介護サービスで使われるライフサポートプランでは「これまでの暮らし」の流れと「こだわり」を把握し、できること・できないことを明らかにします。一方的な支援でなく、できないことを誰にどのように支援してもらいたいかを本人から聴き取りを行います。

PART 3

14

認知症グループホーム
（地域密着型サービス）

認知症グループホームの「7つのケア」

認知症の人への生活支援を行うグループホームは「7つのケア」を目指しています。

1 「できる事」に着目する
「できている事」（プラス面）に着目し、「できそうな事」（可能性）を見い出す・増やす視点でかかわります。

2 感情や心身の機能への「共感的なケア」
BPSDには薬などの医療的処置だけに頼るのでなく、「ケア的なコミュニケーション」でかかわります。その時の心理状態に寄り添う「共感的なケア」を目指します。

3 「本人らしさ」を尊重した個別ケア
援助者側や家族が一方的に決めつける「その人らしさ」でなく、本人にとっての「本人らしさ（自分らしさ）」「本人のこだわり」を尊重する個別ケアを提供します

4 「なじみ」をキーワードにしたケア
本人にとって安心と心地よさの環境づくりのキーワードは「なじみ」です。なじみの小物、食器類、飾り物、衣服は本人が「生きる世界」の大切な小道具たちです。それらは「手続き記憶」を呼び覚ましてくれるので回想法ではとても効果的です。

5 「地域の人々」とふれあう
グループホームの特徴は「地域に開かれている」ことです。「住み慣れた地域」にするために「地域の人々とふれあう時間」を意図的にもち、グループホームそのものが地域の中に溶け込むために、地域行事（例：お祭りなど）に積極的に参加します。

6 「とりあえず」でなく連続性のあるケア
これまでの在宅での暮らしとケアを連続させるためには、在宅での数年間のケア実践をグループホームにつなげることで、連続性のあるケアが実現できます。

●認知症グループホームのケアマネジメント

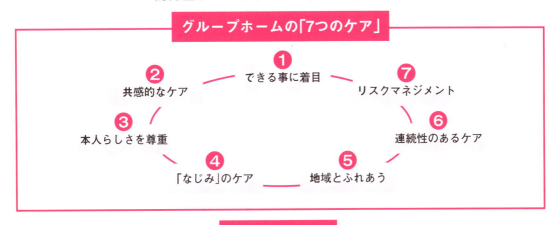

そのために、在宅時のケアプラン（1～3表）や個別サービス計画を読み込む、自宅や自宅周辺のなじみの場所（例：店舗、公園、学校、神社）に足を運び写真や動画を撮ってくるなどはとても効果的です。

7 介護事故予防、人間関係トラブル、虐待予防のリスクマネジメント

認知症になるとさまざまな危険が増えます。つまづき・ふらつきが増え、歩幅も小刻みとなり転倒のリスクは高まります。「なじみの人間関係」とはいっても記憶が脱落するレベルでは「赤の他人」の中で暮らしていることになります。妄想は時として職員や入居者を家族・親族・知人にしてしまい、トラブルとなることもあります。

さらに介護ストレス過多の職員がいら立ちや面倒臭さから虐待的行為（例：暴言、無視、乱暴なケア）を行うこともあります。これらのリスクと向き合うにはリスクマネジメントの視点をケアマネジメントに常に位置づけることが重要です。

認知症本人の役割づくりが「居場所づくり」につながる

グループホームでは介護職に「ケアをしてもらう」のではなく、利用者本人が「ケアに参加する・役割を担う」ケアプランをつくることが重要です。

家庭的な雰囲気の共同生活の中で「本人の役割」をケアプランやケアの中に位置づけることで自己肯定感が生まれ、お互いが感謝しあうことであたたかい支え合いの人間関係をつくりだすことができます。

PART 3 15
介護施設サービス

施設ケアには3つの特徴がある

「1つの箱モノ（建物）」にケア資源と医療資源が揃えられ、24時間365日、総合的・包括的に支えるのが施設ケアです。施設にケアマネジメントが求められる理由は3つあります。

（1）ケアの「包括的提供」

訪問介護は予約した時間枠のケア、通所・お泊り系は数時間〜数日間のケアです。施設は3つのサービス（訪問＋通所＋泊り）が揃い、24時間365日、包括的に提供されるので、「やりすぎる（過剰）・パターン化してしまう」ケアになる傾向が常にあります。

（2）長期間にわたる「日常的支援」

数年から十数年にわたる日常生活の支援では「わずかな変化の見過ごし」が起こりやすくなります。施設ケアプランの課題・目標を意識したケア提供で改善・維持・向上を意識化させマンネリ化を防ぎます。

（3）場所の「共有性」

施設は利用者にとっては「暮らしの場」ですが職員にとっては「働く場」です。働く側の効率性や事情が優先されると「個別ケア」や利用者の尊厳がないがしろにされる危険があります。

在宅ケアと施設ケアの連携の仕方

施設入所の前に数年間にわたる在宅支援の実践があります。そこで行われた個別ケアの実践内容（ケアプラン、個別サービス計画など）を施設ケアに「つなげる」ことによりケアの連続性が可能となります。

（1）介護老人保健施設

老人保健施設は病院の退院後の在宅復帰と在宅からの心身の機能改善を目的とした3〜6か月の「期限付きの入所施設」です。利用者はリハビリテーションや看護などを含む「医学的管理と介護」を必要とする人です。次の視点でケアマネジメントします。

● 介護施設サービスのポイント

施設ケアにケアマネジメントが求められる「3つの特徴」

- ケアの包括的提供
- 長期間の「日常的支援」
- 場所の「共有性」

介護老人保健施設
- 目指せ在宅復帰
- 機能の改善向上
- 継続的支援
- 介護技術支援

特別養護老人ホーム
- 終いの住処
- 本人らしさ
- 認知症ケア
- 看護・看取りケア

介護付き有料老人ホーム
- 顧客満足度
- 多様なニーズ
- 高いレベルのケア

- 在宅復帰を目指す
- 心身機能と生活機能の改善・向上
- 在宅生活の「継続的支援」(往復型の利用)
- 家族支援としての介護技術の習得支援

(2) 特別養護老人ホーム

　特別養護老人ホームは「終いの住処」として中重度の利用者が基本です。100歳以上や重度の認知症の人、複雑な事情を抱えた措置入所の人までさまざまです。

　入所までに短期入所や老健、居住型施設などの「繰り返しの住み替え」によりリロケーション・ダメージが重なって認知症が重度化している人もいます。

- 終いの住処としての暮らし方を支援
- 本人らしさに寄り添った生活支援
- 認知症ケアや看取りなどの専門的ケア

(3) 介護付き有料老人ホーム

　介護付き有料老人ホームの「入居者(利用者)」にはお試し宿泊や見学などを経験し「納得して選んだ人」たちもいれば、家族が通いやすい、母体法人が安心(例:医療法人、大手企業)、入居一時金や月額利用料が払えるなどの諸条件に折り合いがついたので入居している人たちがいます。

　「施設の特長」がしっかりと伝わるケアマネジメントが重要となります。

- 顧客満足度に見合うケアの提供
- 多様なニーズ(例:施設内コンサート)に対応できる
- 高いレベルの多様なサービス(保険外含む)が利用できる

PART 3

16 居住系サービス

居住系サービスの特徴

　自宅から集合住宅に「住み替え」をして、住宅型有料老人ホームやサービス付き高齢者向け住宅、高齢者アパートなどに「みなしの自宅」(呼称：居宅)として暮らしながら外部の介護サービスを利用するのが「居住系施設」です。

　これらは特養の待機待ち、一人暮らし高齢者の孤独死の危険回避、夜間の急変時の対応、病院から退院せざるをえないなどのニーズの「受け皿」であり、地域包括ケアシステムでは「住まい資源」として位置づけられています。

(1)居住系施設のメリット

- 基本はバリアフリー化され個室
- 日中・夜間に見守り・安否確認がある
- 入居一時金がほぼ0～100万円以下
- 気に入らなければ転居が容易にできる
- 冬期や農繁期のみの利用もできる
- 各種の生活支援サービスが利用可

(2)居住系施設のデメリット

- 介護施設と同じ24時間ケアは不可
- 生活支援サービスの種類と料金が施設によって差がある
- 夜間は緊急通報システムのみなど、緊急時対応にバラつきがある
- BPSDの症状が現れたり胃ろうなどの医療的対応が必要となったら退去を迫られる場合がある
- 自宅で利用してきた介護サービスを止めさせ、同一建物内や提携するサービス事業所の利用を強要されることがある

(3)利用者本位のスタンスと倫理性

　居住系施設には同一建物内に介護サービス事業所が併設されている物件が多くあります。担当する居宅介護支援事業所と担当ケアマネジャーは介護保険法に立脚した利用者本位と利用者の意思決定支援の姿勢を堅持する「介護支援専門員としての倫理性」が問われます。

　必要に応じて、地域包括支援センターや

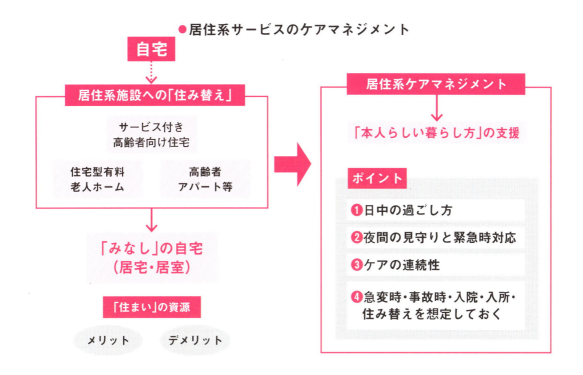

●居住系サービスのケアマネジメント

市町村に相談や情報提供を行い、利用者本位のケアマネジメントを行いましょう。

居住系施設のケアマネジメント

利用者に選択の余地のない事業所選びや支給限度額めいっぱいが目的化したプランニングは自立(自律)支援とは真逆です。生活支援サービス付きだから可能となる「本人らしい暮らし方」を目指します。

(1) 日中の過ごし方、夜間の見守り

部屋でのひきこもりは心身の機能を低下させます。通所介護だけでない日中の過ごし方と夜間の見守りの方法と緊急時の対応などをプランニングしましょう。

(2) ケアの「連続性」を確保する

在宅でのケア実践をケアプランや個別サービス計画などで「引き継ぎ」を行い、本人らしさを尊重したケアサービスができるようにケアマネジメントしましょう。

利用者の自立(自律)支援と改善・向上の可能性、本人の希望を尊重し、必要に応じて併設外のサービスの利用も積極的に取り入れましょう。

(3) 急変時、事故時、入院、入所、住み替えを想定する

体調の急変時や施設内事故時、入院・入所時、看取り、住み替え時の対応はルール化しておきましょう。利用料金の内訳(サポート費の内容、敷金の返金など)も把握しておきましょう。

サービスコーディネート業務

PART 3

17 医療機関

医療機関との連携のポイント

療養の場が病院から「在宅・介護保険施設・居住系施設」に大きく移行しています。医療の側も治療終了後、患者（要介護高齢者）の生活面のサポートを行うにあたり、介護との連携が必要となっています。また在宅療養支援診療所が創設され、在宅療養支援の体制も進んでいます。

（1）かかりつけ医との連携

担当になった時の挨拶だけでなく、必要に応じて次の内容の情報提供を行いましょう。

- 自宅での療養状況（療養環境含む）と病状、心身の機能と生活機能などの変化
- 薬の管理状況や服薬状況
- 利用者の生活上（食事、排泄、睡眠、意思疎通など）の問題点
- 介護家族の心身の状況、介護状況、就労状況など

特に医療機器や医療処置が必要な利用者や入退院を繰り返すような病状が不安定な利用者への支援はかかりつけ医と支援方針の刷り合わせを行いましょう。

またかかりつけ医の診療科目（内科、外科、心療内科、リハビリテーション科など）から専門領域を把握し、全国で増えている「認知症サポート医」であるかも確認します。

（2）病院等との連携

要介護の患者が退院後に在宅復帰するための「退院調整（退院支援）」が医療機関でも積極的に意識されています。

入院時に在宅でのケア情報や療養情報を書面やカンファレンスに参加して情報提供します。おおよその入院期間を聴き取りケアチームに伝えます。退院時はカンファレンスに参加し介護において注意・配慮すべき点を情報収集し、ケアチームに情報提供します。

以前ならすべての治療を1つの病院で提供して退院するスタイルでした。今は「急

● 医療機関との連携とのポイント

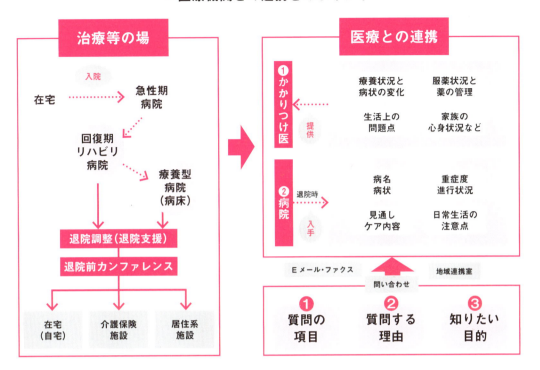

性期病院→回復期リハビリ病院→療養型病院（病床）」を転院して在宅に戻る「地域完結型」なので、ケアマネジャーは利用者の転院の流れを地域連携室や退院支援看護師から事前に把握し対応します。

（3）退院時の情報収集のポイント

入院中に医療チームに確認しておくべき内容は次のものです。

・病名、症状、重症度、進行の状況
・今後の病状の見通しと医療的ケアの内容
・食事・入浴・排泄など日常生活で注意すべき点

なお、病状の説明が不安なら訪問看護師などに同行を依頼するのもよいでしょう。

医師への質問のポイント

ケアマネジャーや介護職の質問は漠然としているため回答に困ることが多いといわれます。質問は次のようにしましょう。

・質問したい「項目」をメモに書き出す
・なぜその質問をするのか「理由」を書く
・何を知りたいのか、その「目的」を書く

これらを書面にして事前にファクスかEメールで提出しておくと医師も準備ができます。また必要な書類などがあれば添付しましょう。医師は忙しいので事務職や看護師、地域連携室の医療ソーシャルワーカーなどを通じてアポイントをとります。

サービスコーディネート業務

PART 3

18 近所・近隣・ボランティア

「地域の力」を「支え手」に

地域包括ケアシステムは「住み慣れたなじみの地域（日常生活圏域）」で本人らしい暮らしを続けることを目指しています。

利用者がつくり上げてきた「地域の縁（えにし）」を探し出し、支え手（地域の力）になってもらうことはケアマネジャーの大切な役割の1つです。

(1)「地域の支え合い」を活用する

地域には利用者が長年にわたってつくり上げた人間関係と支え合いがあります。その代表格が町内会です。近所・近隣は利用者の暮らしぶりや人柄をもっともよく知っている人たちです。町内会やマンション管理組合など、利用者が地元でつくってきたなじみの関係やなじみの店などに「利用者を支える資源（人間関係）」がないかを聴き取ります。

(2) かつての「地域の支え合い」に着目する

かつては町内会レベルで季節ごとに七夕や夏祭り、子ども会の集まりなどがありました。当時、どのような人が担っていたかを聴き取り、利用者を支える資源の候補者を探しましょう。

地域資源のコーディネート

地域（近所・近隣含む）にどのようなヒト資源、団体資源、ボランティア資源があるかを把握するために次のようなかかわり方を試してみましょう。

(1) 近所・近隣のヒト資源をつなぐ

最近起こった地震や大雨、大雪などを話題にあげ、「○○の地域ならどのような支え合いができるのか」をやりとりしながら、地域の「支え合いの温度」と「支え合いの人間関係」を把握します。

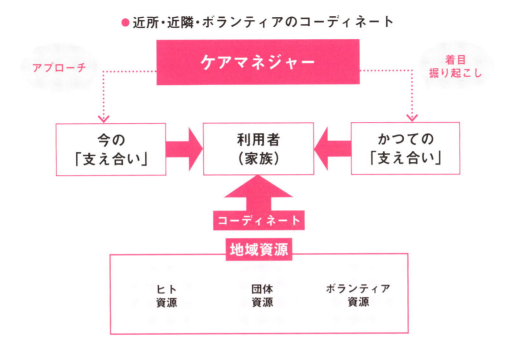

　ここでのポイントは「ケアマネジャーの頼み事」ではなく「利用者（住民）のためにどのようなことができるのか」を相手に決めてもらうことがポイントです。
・認知症となった人の「見守り・発見」
・消費者被害の早期発見と対応
・話し相手（茶飲み友達）と安否確認

（2）地域の団体資源をコーディネート

　地域の団体資源の代表格は町内会・団地自治会、マンション管理組合です。それぞれの団体の構成員が住民の高齢化や要介護高齢者に関してどのような悩みがあり、どのような問題認識をもって取り組もうとしているかを聴き取りましょう。

　団体の活動としてどのようなことが協力してもらえるか（例：要介護高齢者のゴミ出し、安否確認、回覧板の手渡し）を提案し、どのレベルなら協力してもらえるかを一緒に考える姿勢がとても大切です。

（3）地域ボランティアを　　　コーディネート

　地域のボランティアには民生委員のほかに食事づくり・配食ボランティアや送迎・移動ボランティア、話し相手・傾聴ボランティアまでさまざまです。また生活困窮家庭向けの子ども食堂の取り組みも広がっています。

　これらは市町村社協のボランティアセンターで情報収集し、どのようにしたら在宅（施設含む）の要介護高齢者の「支え手」になってもらえるか、焦らず粘り強くアプローチをしましょう。

PART 3

19 介護保険外サービス・生活支援サービス・民間サービス

介護保険外サービスを活用する

介護保険外サービスとは介護保険サービスでは対象となっていない「暮らしのちょっとした困り事」を解決するサービスです。

介護事業所がオプションサービスとして実費負担で提供している場合もあれば、地域の掃除や配食サービスなどを民間事業者が行っている例もあります。

猫の手でも借りたいような「困り事」や「ちょっとした困り事」に柔軟に対応してくれるおかげで在宅生活の継続に効果があると注目を集めています。

ケアマネジャーは利用者（家族）の状況に合わせて介護保険外サービスの情報提供も行いましょう。

〈介護保険外サービスの例〉
・家族の衣服の洗濯や食事づくり
・居間や台所の換気扇などの掃除
・庭の草むしりや墓参り・墓掃除代行
・ペットの散歩、ガーデニングの世話
・日用品以外の買物や商品の配送の代行
・孫の結婚式や同窓会への外出支援
・話し相手代行・安否確認サービス

地域の支え合い活動による生活支援サービスを活用する

地域の支え合い活動による生活支援サービスの主体は地域の高齢者やNPO法人、社会福祉協議会、シルバー人材センター、社会福祉法人、生活協同組合、民間企業、ボランティア団体です。これらの多様な主体ごとにそれぞれが得意とする生活支援サービスを提供しています。

●多様なサービスをコーディネート

利用者(家族)のちょっとした困り事

↑ 情報提供

| 介護保険外サービス（介護事業者等） | 生活支援サービス（地域の支え合い） | 民間のサービス（地域の事業者等） |

多くは地域の支え合いを担おうとする地域づくりに積極的な人たちです。

利用料金も「有償ボランティア」に近い低価格であり、ニーズへの対応も融通がきくので生活支援サービスでは難しい困り事に柔軟に対応できます。

〈生活支援サービスの例〉
・家事援助(調理、洗濯、掃除、買物など)
・季節ごとの大掃除の手伝い
・外出時の付き添い、送り迎え
・関係機関への書類の届出・連絡
・相談や話し相手・見守り
・その他

民間サービスを活用する

地域にはさまざまな民間サービスがあります。利用者は民間サービスの「お客=消費者」として、それらを利用しながら自立(自律)した生活を行ってきました。

高齢社会とは「消費者＝高齢者、要介護者」となる社会です。民間サービスでは店舗のバリアフリー化や高齢者にも読みやすいメニューや座りやすいイスなどといった「新しいもてなし」も始まっています。

利用者(家族)が使っていた「なじみのお店・事業者」などに具体的な協力を働きかけましょう。その際にケアマネジャーが頼む側になるのではなく、困っている事を示して「この中でどういうお手伝いができそうですか？」と先方にかかわり方を考えてもらい決めてもらうことで主体的な担い手づくり(本業ボランティア予備軍)につなげていきましょう。

〈民間サービスの例〉
・新聞配達店：朝夕の見守り
・タクシー会社：体調の聴き取り
・銀行・郵便局：お金の管理
・スーパー：買物支援、商品の自宅配送

サービスコーディネート業務

PART 3

20 地域包括支援センター

地域包括支援センターとの連携

　ケアマネジャーは利用者を中心に据えてケアチームとともに支援します。地域包括支援センターは日常生活圏域の高齢者を中心に「面の支援」を行います。その対象は要介護高齢者だけでなく虚弱高齢者から元気な高齢者まで幅広い支援内容となっています。

1 地域の総合相談機能
　高齢者が抱える生活困窮から近隣トラブル、買物困難、高齢ドライバーなどさまざまな困り事の「相談機能」を担います。

2 介護予防・健康づくり支援
　地域の高齢者の健康づくりから介護予防まで取り組みます。地域での健康教室や認知症予防教室などを展開します。

3 権利擁護支援
　高齢者（特に認知症高齢者）の生命（虐待）や財産（消費者被害）、本人の権利にかかわる支援を行います。

4 包括的・継続的ケアマネジメント支援
　医療と介護の連携、在宅と施設の連携、居宅介護支援事業所やサービス事業者などの支援を通してケアマネジメント支援と地域ケアシステム構築を目指します。

包括的・継続的ケアマネジメント支援への協力と連携

　ケアマネジャーと地域包括支援センターとは「協力・協働」の関係です。包括的・継続的ケアマネジメント構築に向けて相互に「活用する関係」を目指します。

1 新規ケースの紹介・引継ぎおよび依頼
　利用者（家族）は居宅介護支援事業所の選定を地域包括支援センターに相談することが定着しました。病院の退院支援でも地域包括支援センター経由が増えています。利用者（家族）からの要望（苦情含む）により事業所変更のケースを依頼されることもあります。

2 支援困難ケースの協働支援
　老老介護や同居介護、買物難民、認知症

● 地域包括支援センターとは協力・協働の関係

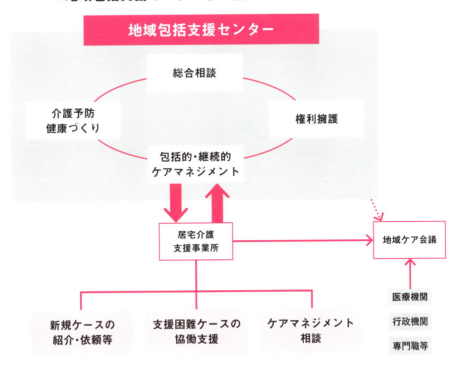

による徘徊などの支援困難ケースは地域包括支援センターに相談し「協働」で対応します。また居宅介護支援事業所が「特定事業所加算」を算定していれば、支援困難ケースを引き継ぐことになります。協力・協働の関係で支援を進めます。

3 ケアマネジメント相談

事業所のケアマネジャーが1、2名だと事業所内のケースカンファレンスやケアプランチェックも十分にはできません。

ケアマネジメントにかかわる多様な困り事から悩み、スキルアップ、多職種連携に関する相談を積極的に行いましょう。

地域ケア会議が担う4つの役割

地域ケア会議は支援困難な個別ケースを通して明らかになる①地域の課題、②求められる地域資源、③支援ネットワークの改善や構築、④市町村の介護保険事業計画や各年度の事業や政策の課題に取り組む会議です。地域包括支援センターが取りまとめを行います。

生活困窮、ゴミ屋敷、医療資源不足、近隣孤立、虐待などの「支援困難ケース」を抱え込まず、地域ケア会議等の場で解決の道を検討しましょう。

PART 3
21 公的サービス
（公共サービスと行政サービス）

都道府県、市町村の公的サービスを把握する

都道府県や市区町村は地域の住民に向けて公的サービス（公共サービスと行政サービスの総称）を行っています。

要介護状態となると、これらの公的サービスを利用者（家族）が利用すること自体に困難さが生まれます。一方で自治体は高齢者や障害者が利用しやすいような改善（例：夏場に図書館を「いっとき避暑地」として開放）をいろいろと進めています。

ケアマネジャーは介護保険サービスだけでなく、市町村が提供する公的サービスについて日頃から情報収集し、利用者（家族）支援の1つとして情報提供したり、それらのサービスにつなぐためのコーディネーター役になりましょう。

（1）代表的な公共サービス
- 環境：ゴミの回収、公園の清掃など
- 教育：小中学校、図書館、児童館など
- 子育て：保育園、学童保育など
- 福祉：高齢者福祉センター、老人大学、高齢者向け行事など
- 健康：体育館、武道館、各種教室など
- 文化：文化会館、各種文化行事など
- 地域：公民館、市民センターなど

（2）代表的な行政サービス
- 戸籍や住民票、印鑑証明書などの発行
- 税：市町村民税、都道府県民税、固定資産税、自動車税などの徴収
- 補助：住宅リフォーム、耐震改修、防犯灯設置、生ごみ減量化、浄化槽設置、母子家庭支援、子ども医療費など

高齢者・要介護高齢者、障害者にかかわる「＋αの公的サービス」を把握する

市区町村は高齢者や要介護者、障害者を対象に独自の公的サービスを行っていま

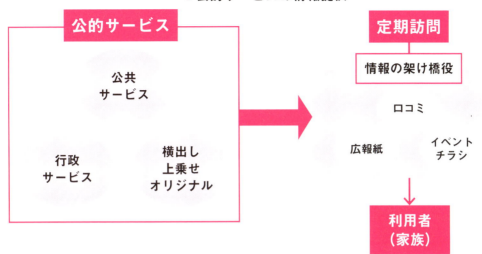

●公的サービスの情報提供

す。介護保険の横出しサービス、上乗せサービスにはじまり、市町村オリジナルのユニークな公的サービス（例：寝たきり老人等介護者手当など）があります。地域包括支援センターに足を運び公的サービスを把握しましょう。

〈代表的な高齢者向け横出しサービス〉
- 認知症高齢者へのＧＰＳ貸出し
- 高齢者見守り相談員
- 高齢者配食サービス
- 高齢者買物支援マップ
- 高齢者等緊急通報機器の貸与
- 救急医療情報キットの配布
- 介護者用「介護マーク」の配布
- 在宅介護者リフレッシュサービス利用券
- 公衆浴場老人入浴料の助成
- 「認知症カフェ」事業

公的サービスの情報を提供する

利用者（家族）が市区町村の公的サービスを知る手段は役所や出張所に行く以外は、回覧板や広報紙、インターネットで市区町村のホームページを閲覧するなどがメインでしょう。そのため、情報収集にうとい利用者（家族）だと公的サービスを知らない可能性もありえます。

ケアマネジャーは月１回以上は定期訪問を行っています。その際に口コミをする、市区町村の広報紙やイベントチラシ（例：将棋・囲碁大会、演芸大会、健康ヨガ教室）を配布し「よかったら○○に行かれてみませんか？」と情報提供することで市区町村と住民の「架け橋役」を担うことになります。

Part 4

介護予防ケアマネジメント

PART 4-1 介護予防と予防給付

介護予防の考え方

　要介護状態となる前の状態を「虚弱（フレイル）」といいます。この段階で早めに介入すれば回復する可能性があります。虚弱状態は「生活の質」を落とすだけでなく、さまざまな合併症を引き起こす危険性があり、この段階での適切な介入として介護予防を理解することが大切です。

　医療や介護、生活支援等を必要とする状況になっても、住み慣れた地域で暮らしながら、生活の質を維持・改善させるためには、本人が健康増進と介護予防の意識をもち、そのための取組みを行うことが重要となります。

　地域支援事業に位置づけられている介護予防・日常生活支援総合事業の介護予防ケアマネジメントでは、高齢者自身が地域で「何らかの役割」を担い地域の活動を継続すること（社会参加）が介護予防につながるという視点に立ちます。

　生活上の困り事にサービスを当てはめるだけではなく、自立（自律）支援となるように、心身機能の改善と生きがいや役割をもって生活できる「居場所」に通い続けるなど、バランスよくアプローチした介護予防ケアプランを作成します。

介護予防とケアマネジャーの役割

　介護予防の目的は高齢者一人ひとりが「要介護とならないように日々の暮らしを送ることができる」ことです。

　ケアマネジャーは地域包括支援センターから依頼を受け介護予防プランを作成し、介護予防サービスの調整とモニタリングを行います。そしてもう1つ、大切な役割があります。それは虚弱高齢者を発見し介護予防サービスにつなぐことです。ここ数

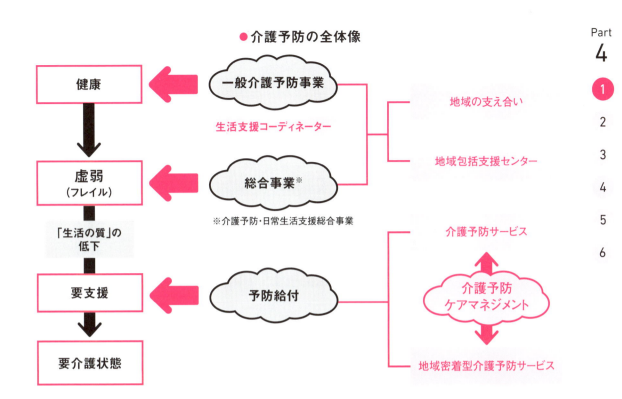

●介護予防の全体像

年、老老介護も夫婦型だけでなく親子型も増え、主たる介護者の心身の機能は低下しています。要介護予備軍を介護予防サービスにつなぐことは大切な役割の1つです。

予防給付
（介護予防ケアプラン作成）

介護予防の「予防給付」は、要支援と認定された利用者に提供されます。要支援の時に本人がどのように介護予防に取り組んできたかの情報は、その後、要介護となった場合にアセスメントやサービス資源の調整ではとても大切な情報となります。

（1）介護予防ケアマネジメント

地域包括支援センター等がケアプラン原案を作成し、サービス担当者会議を経て、サービスが提供されます。

（2）介護予防サービス

訪問型サービスと通所型サービスがあり、主なサービスには以下のようなものがあります。

- 介護予防訪問看護
- 介護予防通所リハビリテーション
- 介護予防短期入所療養介護　など

（3）地域密着型介護予防サービス

住み慣れた地域で暮らし続けられるようその地域に住む住民が利用できます。

- 介護予防認知症対応型通所介護
- 介護予防小規模多機能型居宅介護

介護予防ケアマネジメント　155

PART 4

2 総合事業／介護予防・生活支援サービス／一般介護予防事業

「地域の力」を介護予防にいかす

　介護予防・日常生活支援総合事業は市町村が中心となって進める「ご当地型」といわれます。日常生活圏域を基本として、地域にある「多様な主体」（住民、ボランティア、団体等）が担い手となります。それまでのプロセスが地域の支え合いの仕組みづくりになることを目指し、次の6つの視点で進められます。

- 住民主体の多様な生活支援サービスの充実と開発を目指す
- 高齢者の社会参加への高いニーズに応え、それらを支え合いづくりにつなげる
- 生活環境の調整、居場所・出番づくりなどバランスのとれたアプローチをする
- 市町村、住民等の関係者間における意識の共有と自立支援に向けたサービス等の展開を目指す
- 認知症施策の推進と認知症にやさしいまちづくりに積極的に取り組む
- 支援を必要とする人（高齢者、障害者、児童等）たちが集える共生社会型を目指す

介護予防・生活支援サービスの種類

　対象となるのは「要支援者」と「基本チェックリスト該当者」です。訪問介護サービスと通所介護サービスは地域支援事業として市町村の地域の実状に応じた取り組みにより提供されます。実施主体は既存の訪問介護・通所介護事業所のほかにNPOや民間事業者や住民主体のボランティアなどによって運営がされます。

1 訪問型サービス（4つの種類）

要支援者等に「掃除、洗濯等」の日常生活上の支援を提供する

2 通所型サービス（3つの種類）

要支援者等に機能訓練や集いの場など日常生活上の支援を提供する

3 その他の生活支援サービス

要支援者等に栄養改善のための配食や住民ボランティアが行う見守りを提供する

4 介護予防ケアマネジメント

要支援者等に総合事業のサービス等が提供されるためのケアマネジメントを行う

一般介護予防事業の種類

一般介護予防事業の対象者は「第1号被保険者」のすべての人と支援のためにかかわる人です。5つの種類があります。

1 介護予防把握事業

収集した地域の情報等から閉じこもりなどで「なんらかの支援」を必要とする人を把握し介護予防活動につなげます。

2 介護予防普及啓発事業

介護予防教室などの介護予防活動の普及・啓発を行います。

3 地域介護予防活動支援事業

住民主体の介護予防活動の育成・支援を行います。

4 一般介護予防事業評価事業

介護保険事業計画に定める目標値の達成状況等を検証し、一般介護予防事業の評価を行います。

NPO

ボランティア

住民主体のサロン

5 地域リハビリテーション活動支援事業

通所・訪問・地域ケア会議・住民主体の通いの場における介護予防の取組みを機能強化するために、リハビリ専門職等がこれらの集まりに参加し助言を行います。

PART 4

3 基本チェックリスト

基本チェックリストの考え方

　介護予防では対象となる高齢者にスクリーニングを行います。それが25項目の質問で構成される「基本チェックリスト」です。基本チェックリストは、回答してもらうことが目的ではありません。

　これには本人に日頃の生活習慣への気づきを促す「セルフアセスメント」の目的があります。5つの領域の質問に「はい・いいえ」と回答するプロセスで、本人が日頃の生活を振り返り（自覚）、本人の中に日常生活改善の動機づけと意欲づくりになることを目指します。

　次のような構成となっています。

（1）運動・移動の質問

　移動する頻度と手段（歩く、昇降する、乗り物に乗る）や立ち上がり、歩く体力、転倒の有無などを把握します。

（2）日常生活・家庭生活の質問

　日用品の買物や預貯金の出し入れなど日常生活の状況を把握します。

（3）社会参加・対人関係の質問

　家族・近隣の人との人間関係、外出の頻度、コミュニケーションの支障の有無、認知症状の有無などを把握します。

（4）健康管理の質問

　体重の増減から噛む力、のみ込み、唾液などの口腔の状態まで把握します。

（5）意欲・生きがいの質問

　日々の生きがい感（充実感）や自己有能感（役割感）にかかわる質問だけでなくうつ傾向の有無などを把握します。

基本チェックリストの使い方

　基本チェックリストに回答してもらう時は次のような点に注意します。

- あまり深く考えないで回答してもらう。
- 現在の状況を実感で回答してもらう
- 記憶の範囲内で回答してもらう

　回答中に語られるキーワードは重要ですので書き留めておきましょう。

●基本チェックリスト

基本チェックリスト

No.	質問項目	回答（いずれかに○をお付け下さい）	
1	バスや電車で1人で外出していますか	0.はい	1.いいえ
2	日用品の買物をしていますか	0.はい	1.いいえ
3	預貯金の出し入れをしていますか	0.はい	1.いいえ
4	友人の家を訪ねていますか	0.はい	1.いいえ
5	家族や友人の相談にのっていますか	0.はい	1.いいえ
6	階段を手すりや壁をつたわらずに昇っていますか	0.はい	1.いいえ
7	椅子に座った状態から何もつかまらずに立ち上がっていますか	0.はい	1.いいえ
8	15分位続けて歩いていますか	0.はい	1.いいえ
9	この1年間に転んだことがありますか	0.はい	1.いいえ
10	転倒に対する不安は大きいですか	0.はい	1.いいえ
11	6ヵ月間で2～3kg以上の体重減少がありましたか	0.はい	1.いいえ
12	身長　　　cm　体重　　　kg　（BMI＝　　　）(注)		
13	半年前に比べて固いものが食べにくくなりましたか	0.はい	1.いいえ
14	お茶や汁物等でむせることがありますか	0.はい	1.いいえ
15	口の渇きが気になりますか	0.はい	1.いいえ
16	週に1回以上は外出していますか	0.はい	1.いいえ
17	昨年と比べて外出の回数が減っていますか	0.はい	1.いいえ
18	周りの人から「いつも同じ事を聞く」などの物忘れがあると言われますか	0.はい	1.いいえ
19	自分で電話番号を調べて、電話をかけることをしていますか	0.はい	1.いいえ
20	今日が何月何日かわからない時がありますか	0.はい	1.いいえ
21	（ここ2週間）毎日の生活に充実感がない	0.はい	1.いいえ
22	（ここ2週間）これまで楽しんでやれていたことが楽しめなくなった	0.はい	1.いいえ
23	（ここ2週間）以前は楽にできていたことが今ではおっくうに感じられる	0.はい	1.いいえ
24	（ここ2週間）自分が役に立つ人間だと思えない	0.はい	1.いいえ
25	（ここ2週間）わけもなく疲れたような感じがする	0.はい	1.いいえ

(注) BMI＝体重(kg)÷身長(m)÷身長(m) が18.5未満の場合に該当とする。

- 「はい・いいえ」の閉じた質問スタイルとなっている。
- 日常生活・家庭生活にかかわる質問。
- 社会参加・人間関係にかかわる質問。
- 運動・移動にかかわる質問。
- 健康管理（噛む力、嚥下）にかかわる質問。
- 社会参加にかかわる質問。
- 健康管理（認知機能）にかかわる質問。
- 意欲・生きがいと心理状態にかかわる質問。

Check Point!
あまり深く考えないで回答してもらう
現在の状況を実感で回答してもらう
記憶の範囲内で回答してもらう

PART 4

介護予防プラン
~アセスメントとプランニング~

❶アセスメントとプランニングを同時進行する

　介護予防には決まったアセスメントソフトやツールがありません。市町村によってオリジナルのアセスメントシート（例：生活機能アセスメントシート）を使っているところもあります。

　居宅のケアマネジャーも委託を受けて介護予防プランを作成することもあります。ここでは基本チェックリストを使ったアセスメントの仕方を紹介します。

　介護予防プランはアセスメントとプランニングの2つで構成されています。介護予防の対象者は「会話のやりとりができる人たち」ですから、基本チェックリストの記入後、白紙の介護予防プランを広げ、基本チェックリストの項目の「はい・いいえ」の回答から追加の「広げる質問」を意識して状況把握を含めたアセスメントを行い、続けて課題、目標設定、具体策の提案などのプランニングを行うと効率的です。

（1）アセスメント欄
- 現状はどうなっているか
- 本人（家族）はどのように捉え（現状認識）、どのようにしたいのか（意向）
- 4つのアセスメント領域ごとに、なぜそうなっているのか（背景、原因）
- 総合的課題を整理
- 課題に対する目標の具体的な提案
- 具体策についての本人（家族）の意向

（2）プランニング欄
- 目指したい望む生活（1日、1年）
- 本人が合意した目標
- 目標についての支援のポイント
- 本人等のセルフケアや家族の支援、インフォーマルサービス

●基本チェックリストからの広げる質問例

❶ バスや電車で一人で外出していますか？（基本チェックリストNo.1）

[はい・いいえ]
↓
追加質問

矢印：1つの質問から他の領域の状況や意向、望む姿を聴き取ることができます。

5つの領域にかかわる解答例

Q1 外出されるのはどのような用事が多いのですか？

Q2 どなたかと一緒に外出されることはありますか？

Q3 外出される時につらいことや場所はありますか？

移動 階段がおっくうだから玄関や駅、スーパーがつらい。この地域は坂が多いから足腰を鍛えなくちゃと思っています。

生活 週1回、近所のスーパーに買い物に行くのとギャラリーのある喫茶店で友達とハーブティーを飲むの。

参加 3年前までは近所の仲間とよく温泉旅行に行ってたわ。今は娘の家族と半年に1回程度の旅行くらいね。

健康 膝の痛みとトイレが近くなることね。バスの停留所までの坂は雨の日は特につらいわ。

意欲 去年、仲が良かったダンス教室の仲間が入院しちゃってからは、宝塚歌劇に誘える人がいなくてつまらなくてねぇ。

・予防給付、介護予防・生活支援サービス等
・サービス種別
・サービス主体（本人、家族、事業所、住民主体のボランティア等）
・期間　・総合的な方針

質問力でアセスメントとプランニング！

基本チェックリストの回答は「はい・いいえ」という閉じた質問となっています。それらを聴き取った後に追加して5つの領域ごとに広げる質問を行います。

・どこへ？　どのように？（運動・移動）
・何を？（日常生活、家庭生活）
・どこへ？　だれと？　いつごろ？（社会参加、人間関係、時期）
・体調・体力は？　心身の機能は？
・最近の気持ちは？（意欲・生きがい）

これらの「やりとり」を通じて、本人（家族）の現状や原因・理由、意向（思い、望み）を浮き彫りにします。

このやりとりで大切なのは「共通の原因」を浮き彫りにすることです。またある原因が他の生活上の支障を生んでいることの発見（気づき）になります。

やりとりを通して総合的課題（共通する課題）を浮き彫りにし、その具体策と目標を提案・合意し取り組める目標を立てます。

プランニングでは目標の達成に向け本人・家族、インフォーマルサービス、介護保険サービス等の資源を組み立てます。

❷ 介護予防プランの書き方・読み方

目標とする生活

| | 1日 | | | | | |

【領域における課題（背景、原因）】
領域ごとに目指す課題の「□有　□無」を選ぶ。課題を表記した下段に背景と原因を記載する。課題は問題の指摘ではなく、本人が前向きに取り組める「目指す姿（ゴール）」を1～3つ程度、表記する。

【本人・家族の意向】
具体策の提案への本人・家族の合意内容を表記する。合意がとれない場合は具体策の内容変更、可能な目標設定などの「すり合わせ」を行う。

介護予防

アセスメント領域と現在の状況	本人・家族の意欲・意向	領域における課題（背景・原因）	総合的課題	課題に対する目標と具体策の提案	具体策についての意向 本人・家族
運動・移動について		□有　□無	1.	1.	1.
日常生活（家庭生活）について					
社会参加、対人関係・コミュニケーションについて			2.	2.	2.
健康管理について		□有　□無	3.		

【本人・家族の意欲・意向】
4つの領域をアセスメントするやりとりの中で「ご本人（家族）としてはどうされたいですか？」「ご本人（家族）としてはどうなるとよいと思われますか？」と質問する。表記は本人と家族を区別して記載し双方の思い（一致、相違等）をわかりやすく対比する。

【アセスメント領域と現在の状況】
4つの領域ごとに、「行えること」「行えないこと」「行えなくなりそうなこと」を具体的に表記する。本人・家族の言葉だけでなく、問題やリスクも表記する。

【課題に対する目標と具体策の提案】
総合的課題の解決を目指すために5つの視点で目標と具体策を提案する。
・自分で行うこと
・家族で行えること
・地域の資源とのかかわりで行えること
・医療専門職が支援すること
・介護保険（総合事業含む）サービスで支援すること

【総合的課題】
総合的課題は緊急度や必要度で並べるのでなく「生活全般にかかわる課題」として表記する。領域ごとの課題の原因に共通点を探り、総合化した課題（課題の重ね合わせ）にする。なお健康管理や医療的管理の課題は単独で設定する。課題は2～5つとし、緊急度だけでなく成功体験や達成感を得やすい視点で優先順位をつける。

健康状態について
□主治医意見書、健診結果、観察結果等を踏まえた留意点

【健康状態】
主治医の意見書や生活機能評価等から必要な記載を転記する。

【必要な事業プログラム】
必要と思われる6つの事業プログラムにチェックを入れる。

【本来行うべき支援が実施できない場合】
妥当な支援の実施に向けた方針

必要な事業プログラムの下欄に○印をつけて下さい。

運動不足	栄養改善	口腔内ケア	閉じこもり予防	物忘れ予防	うつ予防

地域包括支援センター	【意見】
	【確認印】

サービス・支援計画書

【目標とする生活（1日、1年）】
1日の目標は達成感が得られる、前向きにやってみたい、取り組める目標を表記。1年の目標は1年後に達成する「目指す目標」と1年間を通して「心がける目標」を表記する。

【期間】
サービス開始日付と終了日の目安日付を表記する。

目標	支援計画					
	目標についての支援のポイント	本人等のセルフケアや家族の支援、インフォーマルサービス	介護保険サービスまたは地域支援事業	サービス種別	事業所	期間
1. ( )						
2. ( )						

1年

【目標についての支援のポイント】
支援にあたってのポイントは支援する主体に向けて記載。転倒などのリスクや健康管理上で配慮するポイントを表記する。支援チームの「役割分担」などがわかるような表記を心がける。

【介護保険サービスまたは地域支援事業】
〈介護保険サービス〉
予防給付を記載
・介護予防訪問看護
・介護予防通所リハビリテーション
・介護予防居宅療養管理指導等
〈地域支援事業〉
介護予防・生活支援サービスを記載
・訪問型サービス
・通所型サービス
・その他の生活支援サービス

【サービス種別、事業所】
予防給付、介護予防・生活支援サービス、医療サービス、インフォーマル資源による支援、市町村の独自事業などを記載する。

【目標】
課題に対する目標と具体策の提案で「合意された目標」を記載する。「できないこと」を克服する目標だけでなく、強みに着目し「さらにできるようになる」(向上)目標も設定してみる。達成感から自己有能感を引き出す効果が期待できる。

【本人等のセルフケアや家族の支援、インフォーマルサービス】
・本人等のセルフケア
本人が行うこと、できることを記載。
・家族の支援
そばで行えること(見守り、声がけ)、遠距離でも行えることなどを記載。
・インフォーマル資源
近隣の支え合い、地域の見守り・声がけ、地域の通いの場所等でできることを記載。

総合的な方針：生活不活発病の改善・予防のポイント

【妥当な支援の実施に向けた方針】
本人・家族の同意や課題への合意が得られない、必要な支援が地域にない場合などの取組み方針を記載する。

【総合的な方針】
支援方針は支援チームの指針（取り組む方向性）となる。本人と支援チームの意欲を引き出し個別計画に反映できるようにわかりやすい表記とする。また配慮する点や注意点についても記載しておく。

計画に関する同意

上記計画について、同意いたします。

平成　年　月　日　氏名　　　　　　　　　印

【地域包括支援センター】
地域包括支援センターが介護予防居宅介護支援の委託事業所から提出された介護予防プランへの意見を記載し確認印を押印する

PART 4

5 介護予防支援・サービス評価表

❶ 介護予防プランと介護予防支援・サービス評価表

介護予防プランを評価する目的

　介護予防支援・サービス評価表で評価を行うのは、介護予防プランの内容をどのように本人や家族が取り組み、どのような成果（効果）が表れているか、を明らかにするためです。

　評価のプロセスが「できないこと」の指摘や評価になっては、本人を動機づけることにはならないので注意しましょう。

「評価表」の聴き取り方

　評価は本人と直接やりとりを行いながら進めます。基本的には顔の見える「対面式」がよいですが、「電話対応式」でもよいでしょう。

　自宅に訪問するのもよいですが、地域包括支援センターや外出促進もかねてその他の場所（公民館、事業所、地域サロン等）に来てもらうのもよいでしょう。

　介護予防プランで合意した目標について、いきなり達成状況を質問するのでなく、ねぎらいの言葉を伝え、この数か月間の暮らしぶりを聴き取りましょう。

・「あれから〇か月が経ちましたが、どのように取り組まれてきたか、いろいろ聞かせていただけますか？」

（1）目標達成状況の聴き取り

　この間の暮らしぶりを聞いてから目標達成状況を次のように質問します。

・「〇〇の目標についてはどのくらい近づきましたか？」

● 介護予防プランのPDCA

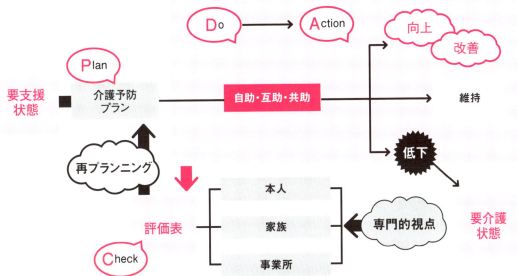

- 「どのようにがんばられたか、お話を聞かせていただけますか？」

聴き取りだけでなく、動作をしてもらい心身の改善の状況などを観察するのもよいでしょう。

（2）目標達成しない原因の聴き取り

目標が達成できた（ADL、IADLが改善した）ことには支持的な言葉かけや褒める・賞賛する言葉を伝えましょう。

目標を達成しなかったことは本人・家族としてどのように受け止めているか、不安や悩みも含めて聴き取りましょう。

- 「ご自分としてどのように（どのようにすればよかったと）思われますか？」

そしてこれからどうしたいかを質問し、今後の取組みやどのような支援を望まれるのかについて話し合いましょう。

計画作成者の評価と今後の方針

まず、達成できた原因に着目し、次に目標達成しなかった原因の分析を行うとともに、計画作成者として次の5つの評価基準で「評価」を行います。

- 本人が前向きに取り組めたか
- 目標設定と期間が適切だったか
- 支援内容、取組みが適切だったか
- 活用する資源と支援のポイントは適切だったか
- 健康管理・環境に問題はなかったか

「今後の方針」は課題・目標や支援内容の変更、自助・互助の取組み、支援チームや期間の検討などを記載しましょう。

介護予防ケアマネジメント

❷介護予防支援・サービス評価表の書き方・読み方

介護予防支援

No.利用者氏名　　　　　　　　様

目標	評価期間	目標達成状況	目標 （達成／未達成）	目標達成しない原因 （本人・家族の意見）

【目標】
介護予防プランの目標欄を転記する。

【評価期間】
評価期間は3か月間から1年以内とする。

【目標達成状況】
目標の項目ごとに達成状況を記載する。ただし、達成したかどうかだけではなく、どのように取り組んできたかを「本人、家族、インフォーマル支援、介護保険サービス、介護予防・生活支援サービス等」別に記載するのが望ましい

【目標（達成／未達成）】
目標の「達成、未達成」を記載する。

【目標達成しない原因】
（本人・家族の意見）
目標を達成しなかった原因を本人・家族がどのように受け止めているか、またどのような意見をもっているのかを記載する。
・目標が高かった
・期間が短かった
・思ったより難しかった
また、本人・家族とのやりとりから、どのような目標設定がよいかを明確にする。

総合的な方針

【総合的な方針】
介護予防プランにおける総合的な方針に変更があれば、それを記載する。

・サービス評価表

評価日　　年　　月　　日　　計画作成者氏名

	目標目標達成しない原因 （計画作成者の評価）	今後の方針
	地域包括支援センター意見	☐ プラン継続　☐ 介護給付 ☐ プラン変更　☐ 予防給付 ☐ 終了　　　　☐ 介護予防・生活支援サービス事業 　　　　　　　　☐ 一般介護予防事業 　　　　　　　　☐ 終了

【今後の方針】
今後の方針としてどのように取り組んでいくのか（例：継続、修正、検討等）などについて記載。特に課題の変更や目標設定の変更、支援内容や自助の取組み、互助の支援内容を検討するとともに、支援チームの検討、期間の検討などについても具体的に記載をする。

【目標達成しない原因】
（計画作成者の評価）
目標達成しなかった原因には、目標設定の高さや方向性の違い、期間の短さ、本人の取り組み方、さらに体調・体力上の問題や健康上の問題などを記載する。
また計画作成者としてアセスメントやプランニング、支援内容やモニタリングなどに問題がなかったかも記載する。

【地域包括支援センター意見】
地域包括支援センターとして、支援内容の検討とプランの継続・変更・終了の判断を行う。また介護予防居宅介護支援を委託している事業所への意見（提案含む）を記載する。

PART 4

6 介護予防と支え合う地域づくり
～生活支援コーディネーターとの連携～

介護予防は「支え合う地域づくり」

　これからの介護予防は「支え合う地域づくり」の両輪で進んでいくことを目指しています。

　住み慣れた地域で暮らし続けるためには介護保険だけでは十分ではありません。介護保険は、個人の自助（自立支援）を前提に共助・公助が支えるシステム（個別支援）を前提としており、互助はその補完的な位置にありました。地域包括ケアシステムでは、個人の自助（自立・自律支援）を支える互助支援を「介護予防・日常生活支援総合事業」の中に位置づけ、それを共助・公助が支援することを目指します。

　介護予防の一般介護予防事業では健康寿命増進のための啓発や取り組みを行い、地域でのつながりで虚弱高齢者や軽度の要介護高齢者を支えること（介護予防・生活支援サービス）を目指します。

　そして、地域の多様な資源の連携の場として「協議体」（第1層・第2層）を設置し、地域では生活支援コーディネーターが活躍します。

生活支援コーディネーターの役割

　生活支援コーディネーターは地域包括支援センターか社会福祉協議会等に配置され、協議体はその上位に設置されます。

　生活支援コーディネーターは地域の日常的な支え合いの「仕組みづくり」を支援します。

- お茶飲みサロン、認知症カフェ
- 健康体操教室、ヨガ教室、ウォーキング
- 働く場所（農産物直売、店舗等）
- 子育て教室、介護教室等

●生活支援コーディネーターとの連携

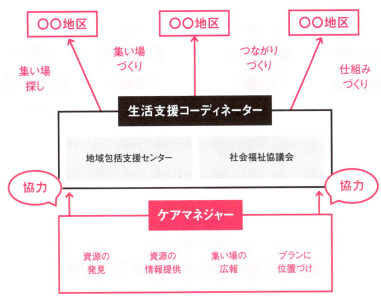

・住民主体型の介護予防・生活支援サービス

　生活支援コーディネーターは面の支援をつくるプロです。人と場（集い）、人と人、人と役割、人とサービス、人と仕組み、人と情報を「つなぐ」役割を担います。まさに地域のインフォーマル資源の「知恵袋」ともいえます。

発見の技～芋づる式発見法～

　地域の健康体操教室やサロン活動、住民の自宅に集っている「お茶飲み場」や地場産業の働く場所、公民館などでの詩吟や生け花などを行う地域サークル、老人会などには必ずリーダー格の「担い手」（地域の力、地域の宝）がいて、いくつもの集まりにいくつもの顔で参加しています。これらの人を「支え合いの担い手」として「芋づる式」に発見していきます。

つながりづくりと集いづくりへの協力

　ケアマネジャーの役割の1つに「利用者を支える地域資源の開発」があります。デイサービスを拒否しても地域のたまり場なら希望する利用者がいます。ここに生活支援コーディネーターと連携する意義があります。次のことに取り組みます。

・地域のインフォーマル資源を見つける
・地域のつながりづくり・集い場づくりの開催や進行、広報に協力する
・ケアプランに地域の資源を位置づける

　これらを通じて「住み慣れた地域で暮らし続ける」ことを目指します。

● 多様な「集い場」づくり

通いの場

地域サロン、お茶飲み場、
男の語り場、コミュニティカフェ

健康づくり

健康体操教室、ヨガ教室、
フィットネス、ウォーキング

働き場

5～10人程度の農作業、
野菜の袋詰め、直売

介護予防・生活支援サービス

ミニデイ（少人数、自宅改装）
通所型サービス

社会参加、なじみの関係への支援

　地域の集い場やサロンなどに参加することで地域社会とのつながりが生まれるとともに、介護予防教室や趣味の会などを継続することにつながります。集い場づくりには3つのポイントがあります。
・気の合う仲間、共通する話題で盛り上がれる関係がある
・気軽に通える距離（移動時間）である
・集いの場には「役割」がある

　インテーク時に近所・近隣、町内会レベルで集いの場がどのように開かれているか、以前どこに通っていたのかを「芋づる式」に聴き取りましょう。それらのことを本人の意向に反映させたり課題として設定します。
　また本人が意欲的になれるなら、ケアプランのサービス内容や種別にも介護予防・生活支援サービスの通所型や「集いの場」なども位置づけるのもよいでしょう。そのことで心身の改善の動機づけに効果的です。

● 多様な「生活支援サービス」

生活支援

草取り、庭掃除、ゴミ出し、
電球交換、墓掃除

栄養支援

配食サービス、男の料理教室、
地域食事会

移動支援

ボランティア、ドライバー、ショッピング、
通院送迎支援

安全・安心

見守り活動、成年後見支援

地域の力で「多様な生活支援サービス」を

　介護保険サービスだけで地域での暮らしをすべてカバーすることはできません。地域の住民を主体としたボランティア活動には「自由度」があります。そして地域の元気な高齢者が担い手となることで社会貢献となり、介護予防の効果が期待されます。

　生活支援コーディネーターは次の視点で情報収集を行っています。

・利用者の近所・近隣にどのような生活支援サービスがあるか
・どのような活動が行われているか

　しかし、少子高齢化が進む地域にはまだまだ生活支援サービスが不足しています。主体となるボランティアグループの育成も急がれています。

　ケアマネジャーはどの地区・地域、圏域にどのような生活支援サービスが必要かを生活支援コーディネーターと連携して具体的に提案を行い、取り組みに協力しましょう。

Part 5

できる ケアマネジャーの 仕事術

PART 5

① メンタルマネジメント
～ストレスケアとモチベーション技術～

❶ メンタルマネジメントの２つの手法

相談援助職は「感情労働の人」

　看護や介護に携わる対人援助職（相談援助職含む）は「最も過酷な感情労働者」とアメリカの社会学者・A.R.ホックシールドは「管理される心―感情が商品になるとき」（世界思想社）で定義しています。

　ケアマネジャーはストレスと不安・葛藤の中に生きる利用者（家族）とかかわり自立（自律）支援を行います。

　ときに精神的に不安定な利用者（家族）の自己否定や自己嫌悪・自罰的な言葉、拒否的態度や希死念慮の言葉を傾聴し受容・共感することを求められるため、心理的に相当に疲弊することになります。

　心の疲弊は燃え尽き症候群となって皆さんの心を蝕むリスクさえ秘めています。

メンタルマネジメントには２つの方法がある

　メンタルマネジメントは一般的にストレスケアのみと思われがちです。ストレスケアはストレスのない状態に戻すこと、ストレスと上手に付き合うことが目的です。直接、仕事への意欲や動機づけに結び付けることが目的ではありません。このストレスさえも「元気の素」に変えてしまうのがモチベーション技術です。

　ストレスケアとモチベーション技術はあなた自身だけでなく、利用者（家族）やケアチームへの支援にも役に立ちます。

ストレスをマネジメントする

　仕事を進めていく上でストレスは必ずあります。その対象は利用者（家族）だけで

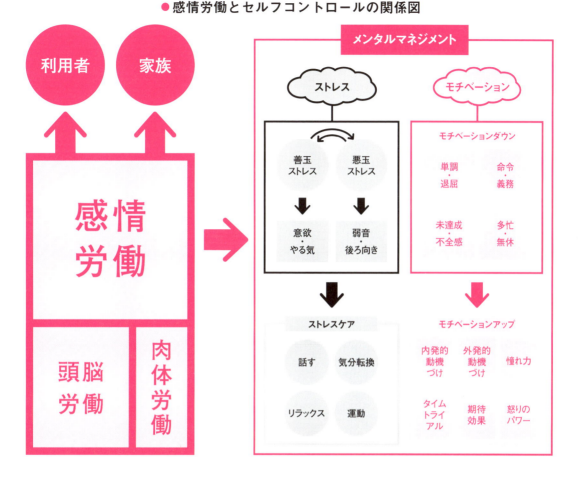

●感情労働とセルフコントロールの関係図

なく、サービス事業所や医療チーム、また同じ居宅介護支援事業所の仲間にもストレスを感じることもあるでしょう。

そのストレスを「悪玉ストレス」にするのでなく原因を探り、ストレスと上手に付き合えると、ストレスを心のシグナルとして活用することができます。また、やる気につなげることで「善玉ストレス」に変えることもできます。ストレスもマネジメント次第なのです。

モチベーションを
マネジメントする

モチベーション技術は精神論ではなく、行動心理学に基づいた立派な理論です。

ケアマネジャーは利用者（家族）とケアチームのモチベーションを向上させるのも大切な役割の1つです。モチベーションマネジメントの手法を身につけると利用者（家族）やケアチームとの関係づくりにもよい効果を期待することができます。

❷ ストレスマネジメント

ストレスには「2つの顔」がある

　ストレスは本人の受け止め方で「2つの顔」をもつといいます。
- **善玉ストレス**：やる気、前向きな気持ち
- **悪玉ストレス**：弱音、後ろ向きな気持ち

　なぜ自分はそのことをストレスと感じるのかを整理してみましょう。

ストレスの感じ方はなぜいろいろなのか？

　ある出来事が起こっても、そのことをストレスと感じる人とそうでない人がいるのはどうしてでしょう。
　次の「要素」が関係しています。
- **性格**：積極的・消極的、せっかち・のんびり、明るい・おとなしい
- **価値観**：物事の重みづけ、優先順位、信条など
- **育ち方**：躾けられ方、子どもの頃の教育
- **経験**：やりとげた、楽しい、つらい
- **体力**：強い、弱い
- **体調**：良い、悪い
- **家庭環境**：既婚、未婚、離婚、独身

　そして「緩衝材（クッション）」の有無がストレスの結果に大きく影響しているといわれてます。緩衝材とは次のような「要素」です。

- **友人**：親しい信頼できる友人の有無
- **同僚・仲間**：職場の同僚や仲間の有無
- **家族**：良好な関係、会話の有無
- **趣味**：気分転換できる趣味・楽しみ
- **リラックス法**

ストレスの表れ方

　ストレスの表れ方も個人差があります。
　心理面と身体面での表れ方を意識できると予防に効果的です。
- **身体面**：頭痛、胃痛、下痢、不眠など
- **心理面**：極度の不安感、喪失感、怒りなど

ストレスケアは4つの方法で！

　ストレスで心は疲れています。4つの方法でストレスケアをしましょう。

(1) 話す（モヤモヤをデトックス）

　「人に聞いてもらうと楽になる」「人に話すと心が軽くなる」のは、次の3つの理由からです。
- 悩みや不安が話すことで整理される
- 傾聴により不安感や孤独感が解消される
- 分析や洞察、気づきが生まれる

　友人や同僚などに話して心のモヤモヤをデトックスしましょう。

(2) 気分転換

　気分転換は手軽にできるストレスケアで

● ストレスケアの方法

1 話す（モヤモヤをデトックス）

2 気分転換（読書、映画、鑑賞、観戦）

3 リラックス（ヨガ、睡眠、瞑想）

4 フィジカルトレーニング（スポーツ、ハイキング、アクティビティ）

す。いつもやっている生活習慣や仕事習慣を「ちょっと変えてみる」だけで気分をリフレッシュすることができます。
・作業や読書、会議、休憩をする場所や時間帯を変えてみる
・単純な業務や家事をゆっくりていねいにやってみる

（3）リラックス

心や体が緊張していない、リラックスしている状態はストレスケアには効果的です。リラックス法は十人十色です。自分に合った方法を見つけましょう。

・ガムを噛む　・音楽を聴く
・入浴する　・深呼吸をする
・自然や動物に触れる
・散歩する　・一人になる

（4）フィジカルトレーニング

運動不足からもストレスは生まれます。運動に集中することによる気晴らし効果、体調の改善により気持ちが明るくなる、体温があたたまり深い睡眠を可能にしてくれるなどの効果があります。

激しい運動でなく、「気持ちいい」くらいの強度やペースをキープしましょう。

・ウオーキング　・ジョギング
・サイクリング　・スイミング

できるケアマネジャーの仕事術

❸ モチベーションマネジメント

私たちは常にさまざまなストレスを抱えていますが、どのような状況であれ相談援助の仕事に向き合わなくてはいけません。しかし、それは気合と根性だけで乗り切れるものではありません。自分のモチベーションの「浮き沈み」を知り、セルフコントロールする術を身につけましょう。

（1）モチベーションダウンを自己覚知できることが大切

モチベーションとは「意欲、動機」です。あなたはモチベーションが下がっている自分を意識できますか？ 次のような状態が続くとモチベーションはダウンしています。

- 集中力が続かない
- 仕事が単調で退屈に感じる
- 命令・義務の仕事が多いと感じる
- 未達成や不全感を感じることが多い
- いつも多忙で休むのが不安だ

モチベーションが下がったままでは対応も遅れがちになり利用者（家族）への支援にも支障が生じます。疲れた心のままでは「燃え尽き症候群」を招いてしまう危険性をはらんでいます。

（2）モチベーション技術で一歩を踏み出す

モチベーションが高ければよいというわけではありません。モチベーションの「振れ幅」が大きいと仕事にムラが生まれ、利用者（家族）への相談面接やチームケアのマネジメントにも影響します。

あなたがモチベーション技術を使いこなせるようになれば、目の前の仕事に前向きに取り組むことができます。

モチベーションマネジメントは利用者の自立（自律）支援を担うケアマネジャーの大切な仕事力の1つなのです。

モチベーションをマネジメントするための代表的な6つのスキルを紹介します。

1 内発的動機づけを使う
2 外発的動機づけを使う
3 憧れ力を活用する
4 集中力をアップさせる
5 期待効果を使う
6 怒りをパワーに変える

（3）モチベーションアップの「小道具」

モチベーションアップで効果的なのが「小道具」を使いこなすことです。気持ちが前向きになりテンションが上がる「小道具」たちを決めておくととても便利です。

〈小道具たち〉

- 服装　・髪型　・小物　・場所　・映画
- 音楽　・本　・食べ物　・景色　・番組
- 自分へのごほうび　・楽しい計画

● モチベーションマネジメントの方法

①内発的動機づけ

「内発」的モチベーションアップ

① 「なりたい自分」をイメージ
② おもしろさ楽しさに熱中

4つの手法

③ やりとげた自分をイメージ
④ 自分で決めたことにこだわる

②外発的動機づけ

「外発」的モチベーションアップ

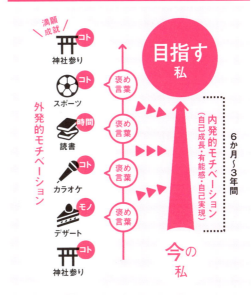

「粘り強さ」が育つ内発的動機づけ

内発的動機づけとは「内側から生まれる意欲」です。具体的には「自己実現、自己成長、役立ち感（有能感）」などです。どれも外から与えられるものではなく、自分が「なりたい自分、目指したい自分」を描くことで生まれます。

モチベーションアップに活かすには次の4つがポイントです。

- 「なりたい自分」をイメージする
- 仕事のおもしろさ・楽しさに熱中する
- やりとげた自分をイメージする
- 自分で決めたことにこだわる

「モノとコト」で外発的動機づけ

「内発的動機づけ」は地道な取り組みであるのに対し、その努力を触発してくれるモノやコトが「外発的動機づけ」です。

コツは目標を小分けにすることです。達成するたびに小マメに「自分プレゼント」をすることでモチベーションの維持と向上を図ります。

- コト（例：コンサート）やモノ（例：大好きな小物）を自分プレゼント
- 自由になる時間、何もしない時間を自分プレゼント
- 褒め言葉を自分プレゼント

③憧れ力の活用

憧れ力をモチベーションアップに使う

　憧れは「前向きなパワー」です。5つの領域ごとに憧れる対象を考えてみましょう。次にノートに書くか声に出してみましょう。

　あなたがそれに憧れるのは「そうなりたい」という前向きな思いがあるからです。これを自己覚知できれば、「憧れ」は「目標」に変わります。それは、行動を動機づけるほどのすごいパワーなります。そのパワーを活用しましょう。

- 憧れの人物
- 憧れの環境
- 憧れる立場
- 憧れる仕事ぶり
- 憧れる生き方（暮らしぶり）

憧れ力を使いこなす3つの勘所

　憧れ力をモチベーションアップに活かすために次の3つを意識しましょう。

1 「身の程知らず」とブレーキをかけない

　堂々と憧れること。けっして身の程知らずとブレーキをかけてはいけません。

2 憧れを「見える化」してみる

　憧れを心の内に潜めずに「見える化」すると脳はより反応しやすくなります。

　例）文字にする、写真を貼る、声に出す

3 憧れを「目標」にする

　憧れで終わらせずに、「どうしたら近づけるか」を考える習慣をつけましょう。

④「タイムトライアル法」で集中力アップ

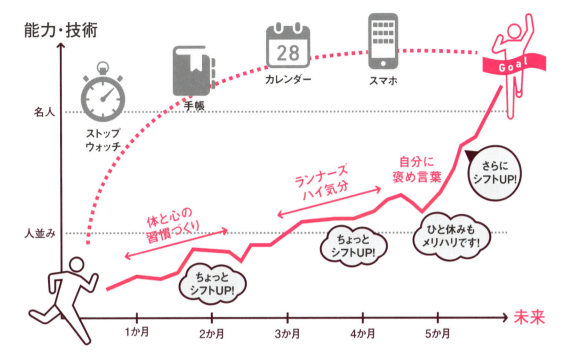

タイムトライアルは仕事力の加圧トレーニング

　タイムトライアルの目的は「作業の効率性アップ」です。作業が山積みでなかなかはかどらない、効率化をしたいけれど方法がわからない。そのような時に、ある作業を時間を決めて集中してやってみることで効率性のアップを図るだけでなく、改善点などを浮き彫りにすることができます。

　仕事を「小分け」にして5～60分の時間を設定し手元にストップウォッチなどの小道具をおいて取り組みます。

　数日から数週間をかけたタイムトライアルもやってみましょう。

集中力アップ、達成感、未来シミュレーション

　タイムトライアルを続けると自分（チーム）の作業時間のレベルを把握できるだけでなく、作業の効率化の進捗状況もわかるようになります。そして次の3つのモチベーション効果が期待できます。

1 業務に集中力を増すことができる
2 ささやかな達成感を得られる
3 未来（将来）を先取り、イメージできる

　注意することは「キツメの時間設定」です。三日坊主になってしまうと逆効果です。「焦らずコツコツ」こそ大切。まずは習慣化することからです。

⑤「期待効果」でやる気アップ！

人は期待されると動機づけられる

私たちは「あなたならできる。きっと伸びる」と期待の言葉をもらえば、つらくても頑張れるものです。逆に「期待されない否定的な言葉」（例：「あなたにはムリだ、時間の無駄だ」）を言われ続けると意欲が落ちてしまいます。

しかし、いつも周囲から期待の言葉がもらえるわけではありません。だったら、自分で自分に期待する言葉を自分につぶやいてみるのも１つの方法です。できるだけ意欲を高める期待の言葉にしましょう。

- 私は○○に△△で頼られている

４つの領域で自分の役割を意識する

みなさんは仕事だけでなく「いくつかの顔」をもっています。仕事面だけでなくプライベートでの役割期待も意識し、それに応えることで「バランス感覚のある人格」となることができます。

- 利用者（家族）からの役割期待
- 事業所内での役割期待
- 家族・親族の中での役割期待
- 近所近隣、地域サークルでの役割期待

役割期待が浮かばなければささいな事でも社会や地域に貢献できることをやることでモチベーションがアップします。

⑥「怒りのパワー」でモチベーションアップ！

怒りは持続的なモチベーションになる

「怒り」はストレスのマイナス要因と思われがちです。でも偉人たちの偉業の多くは「怒り」がスタートだったりします。

攻撃性と強度を弱め「怒り」を正のパワーとして使いこなせれば、モチベーションとして数年から十数年もの間、持続することさえできるようになります。

- 外からの圧力への防御感情
- 差別・侮辱されたことへの怒り
- 社会的倫理を踏み外す行為への義憤
- 期待（予測）と結果（事実）の著しい差（ギャップ）への「激しい葛藤感情」

怒りを使うコツは点数化、自己覚知、時には怒りをそらす

怒りを上手に使いこなしてモチベーションアップに活用しましょう。

1 怒りのパワーを「点数化」する

怒りのパワーは「6秒間がピーク」といわれています。ノートに書き出して、怒りを点数化すると冷静になれます。

2 怒りのパターンを自己覚知する

怒りの対象、タイミングから心身への表れ方のパターンを自己覚知しましょう。

3 時には「怒り」をそらす

怒りは抑制するだけではなく、気分転換して怒りをそらすことも重要です。

PART 5 — 2

自己管理術

セルフマネジメントから始めよう！

ケアマネジャーに自己管理能力が求められるのは、チーム制でなく<u>担当者制</u>であり業務スタイルが「指示待ち型」ではないためです。ケアマネジャーの仕事はルーチンワークだけではありません。利用者ごとに状態像や事情が異なります。定期訪問の時間も緊急の事態（例：サービス調整、クレーム処理、救急搬送、介護事故）にも各事業所内のマニュアルに沿いながら、個々に適切に判断し対応しなければいけません。

現場では常に誰かの指示を受けて動くのではなく<u>自分の考えで行動する</u>（自律型）ことをケアマネジャーは求められます。

ケアマネジャーの立場だからこそセルフマネジメント力が磨かれます。

セルフマネジメント力で仕事の質を上げる

セルフマネジメントの相手はあなた自身です。他人や環境を変えることは難しいですが「自分自身」を変えることで仕事の質を上げることはできます。

以下の3つを意識しましょう。

1. **仕事の意味・目的・ゴールと自分の役割を理解する**
2. **求められる業務・活用できる資源・必要な期間・必要な連携をシミュレーションする**
3. **効率的かつ適切な効果が得られるよう利用者（家族）とケアチームにどのようにアプローチできるかを考え行動する**

自分の裁量で行える責任の重さとおもしろさこそケアマネジャーの醍醐味です。

バランスのとれた心をマネジメントする

相談援助職は利用者（家族）と向き合う時、あなたの心が「平常心」でなく、イライラしたり落ち込んでいたりすると、その状態が利用者（家族）に伝わり「よりよい

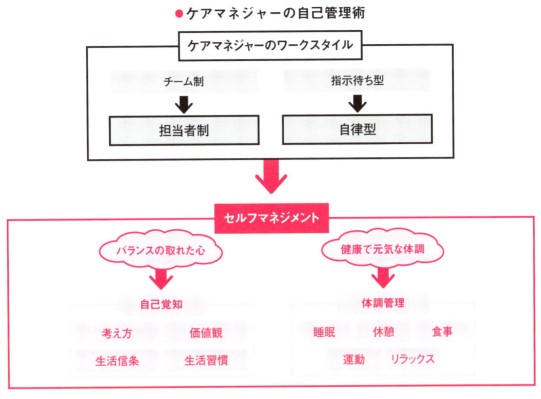

●ケアマネジャーの自己管理術

援助関係」を阻害しかねません。

　いつも平常心で仕事に向き合えるように自分自身をセルフマネジメントしましょう。そのために自分を客観的に把握し「自己覚知」しておくことが大切です。

・**自分の考え方の傾向（パターン）**

　前向き・後ろ向き、可能性を考える・リスクを考える、独自型・同調型など

・**価値観**

　考える・行動する時の基準や優先順位、重みづけ

・**生活習慣の傾向（パターン）**

　規則正しい生活習慣、不規則な生活習慣

健康で元気な体調をマネジメントする

　皆さんが訪問する利用者はなんらかの疾患や障害をもった要介護者です。訪問するあなたの体調が悪い（例：咳き込む、熱がある、だるい、痛み・しびれがある）と利用者（家族）にとっても不安であり、感染のリスクを想定すると訪問自体を控えることにもなりかねません。

　体調管理の基本は以下の3つです。

・**十分な睡眠と休憩**
・**偏食せずバランスのとれた食事**
・**適度な運動と心のリラックス**

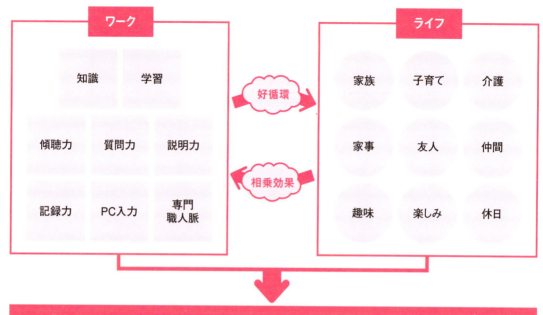

ワークとライフの好循環と相乗効果

　セルフマネジメントで大切なのは「ワークとライフのバランス」です。それは単純な労働時間と私生活の割り振りではありません。私生活と仕事の「好循環と相乗効果」を目指すものです。

　つまり「私生活の充実」が仕事によい効果を生み、「仕事の充実」が私生活をより豊かなものにするという考え方です。

（1）ケアマネジャーのワーク
- **知識**：介護、医療、相談援助等
- **学習**：専門書や関連書、研修会等
- **技術**：傾聴力、説明力、質問力、記録力、ＰＣ入力、時間管理等
- **人脈**：法人、専門職、地域の多様な人脈

（2）ライフ（私生活）
- **家族**：夫、妻、子ども、両親、ペット等
- **家庭状況**：子育て、介護等
- **家事**：料理、洗濯、掃除、家の管理等
- **交友関係**：親友、友人、知人等
- **趣味**：創作、鑑賞、観戦、観劇、旅行等
- **休み**：平日の夜、土日、祝日、盆暮れ

　ケアマネジャーの業務で身につける知識や教養、相談援助技術をライフ（私生活）で活用する、ライフ（私生活）で得た生活感覚や人脈、特技などをワークに活かすスタンスがとても大切です。

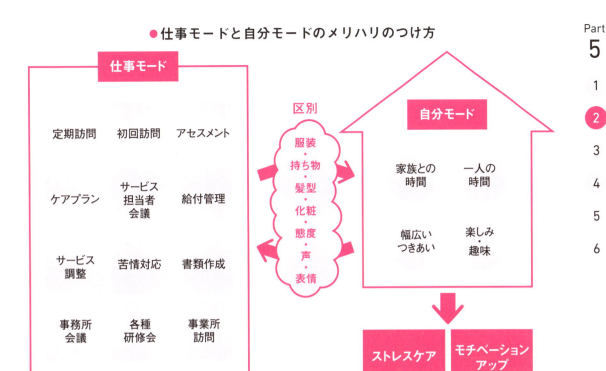
●仕事モードと自分モードのメリハリのつけ方

仕事モードと自分モードにメリハリをつける

　ワークとライフの好循環と相乗効果が生まれるためには仕事モードと自分モードにメリハリをつけましょう。

(1) 仕事モードのつくり方

　自分モードから仕事モードになるために「切り替えるルール」を決めましょう。
- 服装・持ち物を区別する
- 髪型・化粧などを区別する
- 姿勢、発声、表情、動作を区別する
- 出勤時・帰宅時に聴く音楽を変える

(2) 自分モードのつくり方

　自分モードの時は「仕事を忘れる」ことです。忘れるためには帰宅用の「切り替えるルール」を決めておきましょう。
　そして自分モードの時には「家事、子育て、趣味、つきあい」に集中することです。これはストレスケアとモチベーションアップの点でも大切です。
- 家族との時間を楽しむ、夢中になる
- 幅広いつきあいを楽しむ
- 時間を忘れる程に楽しめることや趣味の時間をつくる
- 一人で過ごす時間を意識的につくる

　一日分のパワーを仕事だけに使い切るのでなく、2〜3割は家族と自分のために使おうと意識することがコツです。

PART 5

3 職場選びと心構え、関係づくり

働く事業所は納得して選ぶ

　ケアマネジャーのスタートをどこで始めるのか、は仕事の姿勢と方法の基本を身につけることにもなり、とても重要なことです。福利厚生や給与以外に次の項目を十分に吟味し納得して決めましょう。
- **事業所の属性**：在宅系併設型（訪問介護、通所介護、訪問看護など）、独立型、施設系併設型（特養、老健など）、病院系併設型、地域密着型（小規模多機能、ＧＨなど）
- **事業所数**：単独事業所、複数事業所
- **人数**：1名～50名（100名もある）
- **事業歴**：1年～15年以上
- **エリア**：対応する市町村数、移動距離
- **研修**：研修の有無、費用の補助の有無、職能団体などの研修への参加推奨の有無
- **交流**：イベント、旅行、懇親会の有無
- **運営**：定例会議やカンファレンスの有無

新人ケアマネジャーの心構え

　次のような心構えで臨みましょう。

（1）素直に学ぶ
　素直に学び、素直にやってみることで相談援助技術の「基本形」を身につけましょう。同行訪問をさせてもらったり、スーパービジョンを依頼するのもよいでしょう。

（2）真摯に考える
　どの業務にも意味があります。業務をただこなすのでなく、一つひとつの意味を真剣に考え行う姿勢は謙虚な態度となって表れ、事業所での好感度と評価が上がります。

（3）「問い」を立てながら行動する
　求められるのは「自律」したケアマネジャーです。「なぜ？」と問いかける習慣づくりを通じて、自分で考え判断し行動できるケアマネジャーを目指しましょう。

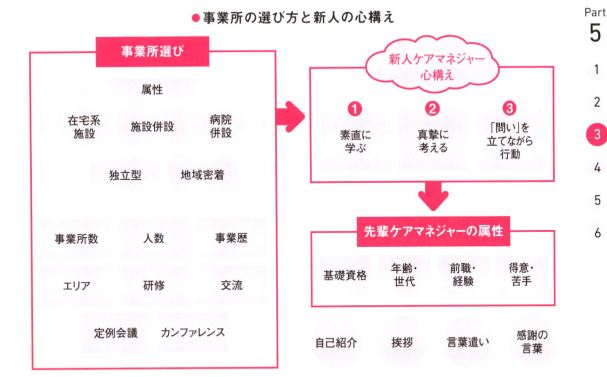

●事業所の選び方と新人の心構え

多様な「顔ぶれ」との関係づくり

　ケアマネジャーの基礎資格には介護職、相談援助職、医療・看護職、リハビリ職などがあります。先輩の前職の経験や専門性の視点もぜひ学ばせてもらいましょう。

　また年齢の幅も20代後半から60代の方まで幅広く、世代感覚は仕事ぶりや事例検討会の発言にも表れ、参考になります。

　さらに相談面接が得意・苦手、実務が得意・苦手、会議が得意・苦手など仕事力にも差があります。得意な人から学ぶだけでなく、苦手な人がどのように工夫をしているのかは新人にとって参考になります。

関係づくりは「言葉遣い」から

　人間関係の親密度は「言葉遣い」に表れます。年齢は下だけど仕事の上（職場）では先輩ということもあります。

　基本は礼儀正しい丁寧語を使います。ただし丁寧過ぎる（謙譲語を使い過ぎる）と嫌がられるので注意しましょう。

　どのような相手でも「〇〇さん」と呼びます。ただ「センター長」など肩書で呼ぶこともあるので確認をしておきましょう。また自分をどのように呼んでほしいか（例：名字、名前、愛称）も最初の自己紹介で伝えましょう。

できるケアマネジャーの仕事術

PART 5 - 4

人脈づくり・ネットワークづくり

ケアマネジャーの人脈づくり

ケアマネジャーにとって人脈やネットワークは自立（自律）支援の「資源（リソース）」であり、ケアマネジメントを進めていく上での「情報源」です。

しかし、皆さんは法人内で人脈をつくることはあっても事業所や法人を越えた人脈づくり、ネットワークづくりを経験することはあまりなかったのではないでしょうか。

仕事ができるケアマネジャーは人脈やネットワークが豊富です。8つの領域で人脈を広げる努力を常に行いましょう。

- ケアマネジャー
- サービス事業所
- 医療関係者
- 行政・包括関係者
- 地域の民生委員やボランティア等
- 町内会や地域で顔の広い人
- 住民の生活を支える事業者
- 基礎資格の職能団体等

人脈づくりの4つの勘所

人脈づくりで大切なのはフットワークとフォローです。次の4つのポイントで人脈を広げる努力をしましょう。

（1）いつでもどこでも名刺交換

気軽に名刺交換をして、その場で「よろしくお願いします」と伝え、関係をつくりたい人にはすぐに挨拶メールを送ります。

（2）自己紹介から始める

知り合いになりたければ、まず自己紹介からです。新人ケアマネ同士の人脈もいずれ大きな力になります。

（3）研修会は効率的な人脈づくりの場

研修会は前向きな人が集まっている場です。効率的な人脈づくりができます。

（4）顔の広い人に紹介してもらう

顔の広いキーパーソンに紹介してもらうことで人脈を広げることができます。

●ケアマネジャーの人脈ネットワークづくり

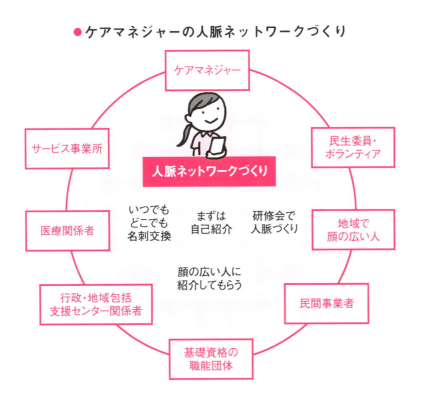

サービス事業所、医療機関の人脈づくり

　サービス事業所や医療機関の人脈づくりは研修会や勉強会に参加して知り合いになるところから始めましょう。3回までの名刺交換はOKです。再会したら先に声をかけます。「あの時は……」とその時の話を切り出すと「記憶力のいい人だ」と好感度は上がります。

　サービス事業所を訪問するのもとても効果的です。名刺交換の時に場所を聞き「近くに行ったら寄っていいですか？」と口約束をとります。訪問前には一本連絡を入れて再度了解をとりましょう。

行政、包括、民生委員の人脈づくり

　介護保険には市町村によって微妙に違うローカルルールがあります。介護保険制度の説明会や地域包括支援センター主催の研修会などで名刺交換をしましょう。

　地域の民生委員と顔見知りになっておくと、いざという時にとても役に立ちます。地域包括支援センターを訪問し、訪問先エリアを担当している民生委員を紹介してもらい挨拶にうかがいましょう。また、公民館や市民センターなどで活動するボランティアサークルなども見学させてもらい人脈を広げましょう。

できるケアマネジャーの仕事術

PART 5

5 自分育てと学び方
～学べば「伸びしろ」は伸ばせる～

❶ まずは学び方を知ろう

「自分育て」はプロの自覚の表れ

誰かに「育ててもらう」のは10代まで、あるいは新人時代だけです。「自分育て」を自己責任で行ってこそプロフェッショナルを自認することができ、自分の「伸びしろ」を伸ばし続けることができます。

自分育てには3つの勘所があります。
- 学び方を身につける
- 学びを習慣化する
- 学びをスケジュール化する

学びとは楽しく刺激的なものです。そして、新しい知識や技術が身につくことは「新しい自分との出会い」です。あなたが学び続けているからこそ進化できます。まさに学びのプロセスはエキサイティングそのものなのです。

「学び方のスタイル」を身につける

学び方はトレーニングです。まずは、自分好みの学びのスタイルを知り、苦手なスタイルをどうすれば好きになれるかを工夫しましょう。自分流に前向きに学べるスタイルを増やしていくことがコツです。

(1)「自学自習」で学ぶ

学びの基本は自学自習です。そのために自分の時間とコストをどれだけ使うかです。それはただの「支出」ではなく「未来への投資」と考えるのがポイントです。少し探せば、学ぶチャンスはたくさんあります。
- 専門誌・紙や専門書を習慣的に読む
- 新聞や雑誌、ネット記事などを調べる
- 大学の通信教育や通信講座で学ぶ
- さまざまな業界の人の話を聞く

● **エキサイティングな自分育てができる「4つの学び方」**

(2)「研修会」で学ぶ

研修会での学びは「直接的」なのでインパクトは大きいものです。テーマも絞られているので効率的な学びの場になります。

法定研修会でも自分は何を学ぶのかを整理し、必ず問題意識と目標をもって参加するのがコツです。

事業所内研修会のテーマも積極的に提案し、定例化して計画的に取り組みましょう。

(3)「グループスーパービジョン・事例検討会」で実践的に学ぶ

ケースを通じて学べるものにグループスーパービジョンと事例検討会があります。いずれもリアルなケースを扱うので、とても身近で刺激的な学びができます。支援困難ケースや終末期ケアなどレベルは高くても学べることはたくさんあります。また自分のレベルや経験値、関心のテーマも考慮して参加するのがコツです。

(4)「会議」の場で学ぶ

会議の場も大切な学びの場です。自分の担当でないケースのサービス担当者会議に同席させてもらうのも1つです。多職種の意見や進行を客観的に観察することができるので「実践的な学びの場」となります。

地域ケア会議や法人内会議、地域の会議は多様な考え（見立て）や支援の手法（手立て）をじかに聞けるすばらしいチャンスです。できれば、いくつかの質問をあらかじめ用意して参加しましょう。

❷ 研修会・勉強会の種類

1 「講義・講演形式」の研修会

多くの研修会は講義形式です。テーマはさまざまで、規模も数人〜500人と幅広くあります。講師の顔が見えず声だけだと日頃の疲れで集中力が落ち眠くなることもあるので注意が必要です。対策として前列に座る、眼鏡を持参する、メモを取る、ボイスレコーダーで録音する、デジタルカメラで記録に残すなどの工夫をします。

2 「ワークショップ形式」の研修会

参加型の研修会です。事例に基づく演習形式（例：事例検討会、グループスーパービジョン）から、6人前後のグループ討議で進めるものもあります。
聴くだけでない「参加型の学び」は他の受講者の考えに触発されることがあり、とても刺激的なスタイルです。

3 「シンポジウム」形式の研修会

シンポジウム形式は3〜5人のパネラーが15分前後の報告を行い、その後、テーマに沿って話し合いを進めるスタイルです。多様な立場の考えや意見を学べるだけでなく、多様な参加者と知り合うきっかけとなり、人脈づくりができる点でも「おまけ」が期待できます。

❸ こうすればいい！研修会・勉強会の探し方

「テーマ」で探す

総論的なテーマから各論的なテーマまでさまざまです。現在のレベルや自分の興味関心を考慮して探します。
研修会はキーワードを使ってネット検索するのが効率的でしょう。勉強会は関係者に直接問い合わせをしましょう。

「主催者別」で探す

自分が所属する団体に絞らず、「垣根を越えて参加」してみることで、あらたな知識や技術、ネットワークを得ることができます。都道府県レベルならば専門職団体のホームページを見る、市町村や関係者に問い合わせる、お知らせや案内チラシをチェックするなどしてみましょう。

「口コミ」で探す

「口コミ」で探すことはとても効率的な探し方です。紹介や評判は1つの「評価」です。普段から口コミで情報収集をしたり、研修会案内を見つけたら周囲の評価を確かめる習慣をつけましょう。

「雑誌・業界紙・ネット検索」で探す

業界誌・業界紙には「研修コーナー」が必ずあります。都道府県の介護支援専門員協会のサイトを検索したり、リンクを張っている団体のサイトを検索するのもよいでしょう。メールマガジンに登録し、セミナー情報を送信してもらうのもよいでしょう。

---

mini column

コーチング手法を生かした「学び方」

学びのモチベーション維持と学びの計画化にコーチング手法は効果的です。

①コーチングは「動機づけ」に役立つ

コーチングは「未来志向」です。コーチングは「これから」に着目し、どのようになりたいのか（ゴールを設定する）を自分に問いかけましょう。

②コーチングは「自己決定」を尊重する

コーチングは指導・指示・助言・提案をしません。「自分はどう考えるか？」と自問自答し、自分なりの自己選択・決定を尊重しましょう。

③コーチングは質問で「気づき」を促がす

コーチングが質問を重視するのは、質問をきっかけに人は「考える行為」を行うからです。質問により答え（解決策、計画化、資源探しなど）を自ら引き出せた時、自己肯定感を得ることができます。学びの計画化を「GROWモデル」（Gorl：目標を設定→ Reality：現状を分析→ Resource：資源を発見→ Option：選択肢の策定→ Will：計画化）でやってみましょう。

PART 5
6

キャリアマネジメント
~スキルアップとキャリアアップと社会貢献~

専門職としての「キャリアデザイン」!

キャリアデザイン（career design）とは、専門職としてのキャリアプランとキャリアアップを自らがデザインし、決定することです。

皆さんは介護・医療・福祉の**直接援助職**から、ケアマネジャーという**相談援助職**という**間接援助職**に「**キャリアチェンジ**」したことを自覚しましょう。

職場選びにはさまざま事情が影響します。しかし、皆さんがどこの法人のどの事業所でケアマネジャーとして働くかは自分自身で納得して決めることが理想です。

将来、スキルアップのために職場を変えたり、法人の管理職などにキャリアアップしたり、ケアマネジャーの経験を踏まえ元の国家資格の仕事に戻るということもあるでしょう。その時の支えになるのが、自分が描いたキャリア・デザインなのです。

あなたはどのようなケアマネジャーを目指しますか。

あわてることはありません。そのキャリアデザインをノートを開いてじっくりと考え、描いてみましょう。

キャリアデザインのポイント

キャリアというとまず「資格取得」が思い浮びます。資格とは「ある専門的な業務が行える」というお墨付きを得ることです。専門性を広げたり、いろんな業務に就けることを目的に国家資格を数種類持つケアマネジャーも増えてきました。それもキャリアデザインです。キャリアデザインは3つの視点で描きましょう。

- スキルアップの視点
- キャリアアップの視点
- 社会貢献の視点

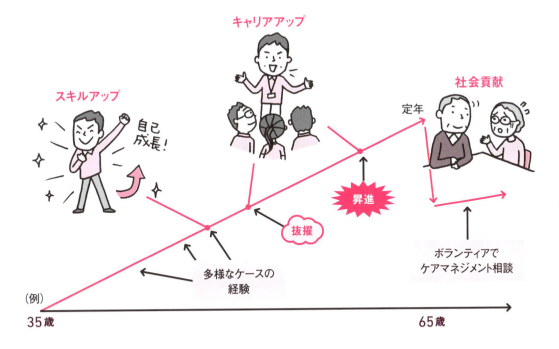

●キャリアデザインで「未来」をシミュレーション

スキルアップを目指す！

　ケアマネジャーとして「正しくスキルアップ」していくために、自分の中で研修計画をもちましょう。そしてその中に「多様なケースの経験」を位置づけましょう。軽度のケースや支援困難ケース、看取りケース、精神疾患、重度の認知症、老老介護、息子・娘介護、遠距離介護などテーマを意識することは重要です。

　スキルアップのために、さらなる資格取得を目指したり、大学の通信教育で福祉や経営・管理の知識を深めたり、他業界の仕事を経験する（転職）のもよいでしょう。

キャリアアップ、社会貢献を目指す！

　よりレベルの高い職務や役職、給与のアップを目指すことは、キャリアデザインにとって大切なモチベーションです。

　キャリアアップにも同一法人内での昇進や抜擢だけでなく、転職（ヘッドハンティング含む）による別法人でのキャリアアップなどさまざまです。今後は顧客の高齢化を意識した金融機関や流通販売業での相談業務への転職もあるでしょう。

　定年後はボランティアでケアマネジメント相談を行うといった、「社会貢献活動」を行うことも期待されます。

Part 6

関連制度と周辺知識

PART 6-1 障害者への支援と制度

❶ 障害者の状態像の理解と情報収集

ケアマネジャーが支援する利用者には、要介護状態の認定を受けた人だけでなく障害を持った人（障害者総合支援法対象者）も対象となり、次の3つに分類されます。

1 40歳以上で要介護状態になった人
2 先天的な疾患等により幼少期から障害とともに生きてきた人
3 20～50代に心身上の疾患や事故等で中途障害者となった人

また、障害者は障害の種類により制度上は次の3つに分類されます。

1 身体障害者（身体障害者手帳）
肢体不自由（欠損含む）、視覚障害、聴覚・平衡機能障害、構音障害・言語障害、心臓・腎臓・呼吸器等の内部障害、病弱・身体虚弱など

2 知的障害者（療育手帳）
知的機能の障害。概ね18歳までにあらわれる

3 精神障害者（精神障害者保健福祉手帳）
統合失調症、てんかん、うつ病、双極性障害、パーソナリティ障害、依存症など

〈障害の状態像のアセスメント〉
- 日常生活動作（ADL）
- 手段的日常生活関連動作（IADL）
- 行動障害関連　・認知・意思疎通関連
- 精神症状関連　・残存能力の状況と可能性
- 介護環境（家族、日・週・月ごと等）
- 居住環境（居室・周辺環境含む）
- 利用者（家族）の健康（医療）の確認
- 既存サービスの状況（フォーマル、インフォーマル含む）

これらに加え生育環境や義務教育を含む支援環境や就労環境、本人・家族の障害のとらえ方（受容度）などを把握します。

●心身障害の分類と制度上の定義

障害	定義	手帳
身体障害者	身体障害者福祉法別表に掲げる身体上の障害がある18歳以上の者であって、都道府県知事（指定都市・中核市市長）から身体障害者手帳の交付を受けた者（視覚障害、聴覚または平衡機能の障害、音声機能・言語機能またはそしゃく機能の障害、肢体不自由、心臓・じん臓または呼吸器の機能の障害やその他の障害（政令で定める障害））	身体障害者手帳
知的障害者	知的機能の障害が発達期（概ね18歳まで）にあらわれ、日常生活に支障が生じているため、何らかの特別の援助を必要とする状態にある者	療育手帳
精神障害者	統合失調症、精神作用物資による急性中毒またはその他の依存症、知的障害、精神病質その他の精神疾患を有する者	精神障害者保健福祉手帳
（発達障害）	自閉症、アスペルガー症候群その他の広汎性発達障害、学習障害、注意欠陥多動性障害その他これに類する脳機能の障害であってその症状が通常低年齢において発現するものとして政令で定めるもの（言語の障害、協調運動の障害等）	

●心身障害からの分類

障害分類名	障害の状態像とその分類	例／分類
肢体不自由	四肢・体幹（肢体）の運動機能に障害があり、生活や学習などが困難な状態。	脳性まひ、先天性骨形成不全、先天性股関節脱臼など
視覚障害	視力の障害やそれ以外の障害が原因で目が見えないか、それに近い状態	障害の程度によって盲と弱視に分類
聴覚障害	外界から音を取り入れ、伝達する聴覚経路に障害が生じ、聴力が低下する状態	聴力損失により軽度難聴（40dB以下）、中等度難聴（41〜70dB）、高度難聴（91dB以上）に分類
言語障害	言語に異常をきたしたために対人的不適応を起こす状態で種類はさまざま	口蓋裂による構音障害、吃音によるリズム障害、失語症などに分類
知的障害	なんらかの原因で知能が未発達となりやすく、社会適応が困難な状態	ダウン症候群、フェニールケトン尿症など
情緒障害	心因性の情緒の不安やその他の情緒的葛藤に起因する行動障害	自閉的傾向、緘黙、チックなど
病弱・身体虚弱	病弱とは、慢性疾患等のため継続して医療や生活規制を必要とする状態。身体虚弱とは、病気にかかりやすいため継続して生活規制を必要とする状態	気管支喘息、慢性腎炎、白血病、進行性筋ジストロフィー症など

❷ 障害者福祉制度と介護保険制度

　高齢障害者は介護保険制度と障害者総合支援法の給付を利用しています。両者の「適用関係」の基本を押さえておきましょう。

　担当の介護支援専門員と相談支援専門員が両者で連携・調整しケアプランを作成します。サービス担当者会議も合同で行うこととなります。

　障害者総合支援法には、障害者の自立を支援するために、自立支援給付と地域生活支援事業があります。介護保険の利用者となった障害者がどのような支援を利用してきたのかを情報収集し、ケアチームに情報提供しましょう。

●介護保険サービスと障害者福祉サービスの適用関係

上乗せ部分	障害者福祉サービス
介護保険制度の支給限度額を超える部分は障害者制度から給付	
介護保険サービス	**横だし部分**
介護保険サービスと障害者福祉サービスで共通する場合、介護保険サービスからの給付が優先する	介護保険制度にないサービス（行動援護、同行援護、自立訓練（生活訓練）、就労移行支援、就労継続支援等）は障害者福祉制度から給付

●高齢障害者の介護保険サービスの円滑な利用

65歳に達する前に長期にわたり障害福祉サービスの支給決定を受けていた障害者であって、介護給付費等対象サービスを受けている者のうち、一定の高齢障害者に対して高額障害者福祉サービス等給付費を支給するものとする。　※平成30年4月1日施行

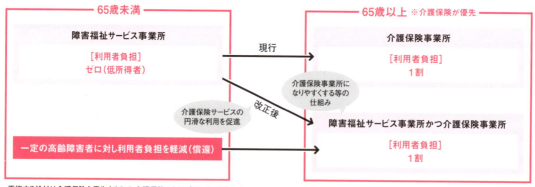

・重複する給付は介護保険を優先するので、介護保険のケアプランが必要となる
・介護保険サービスだけでは支給限度基準額の制約がある場合は「自立支援給付費」（上乗せ部分）が支給される
・「行動援護、同行援護、自立訓練」など介護保険給付にないサービスは障害者福祉制度から給付される（横出し部分）

●介護給付と自立支援給付

介護給付	自立支援給付
①居宅介護（ホームヘルプ）	①自立訓練
②重度訪問介護	②就労移行支援
③同行援護	③就労継続支援（Ａ型＝雇用型、Ｂ型＝非雇用型）
④行動援護	④共同生活援助（グループホーム）
⑤重度障害者等包括支援	⑤就労定着支援（平成30年度から施行）
⑥短期入所（ショートステイ）	⑥自立生活援助（平成30年度から施行）
⑦療養介護	
⑧生活介護	地域生活支援事業
⑨障害者支援施設での夜間ケア等（施設入所支援）	①移動支援
	②地域活動支援センター
	③福祉ホーム
	④その他

●サービス等利用計画作成の流れ

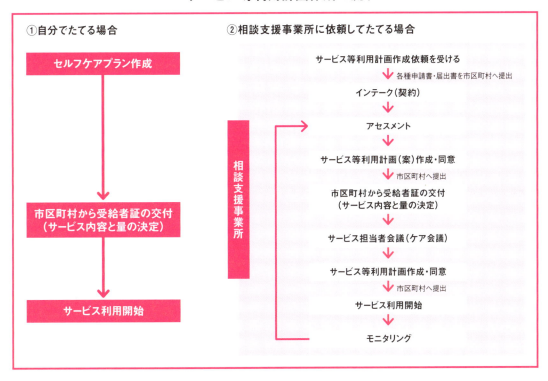

PART 6

2 生活保護制度

生活保護制度の目的と申請の流れ

　生活保護制度とは生活に困窮する人に対し、その困窮の程度に応じて必要な保護を行い、「健康で文化的な最低限度の生活」を保障するとともに「自立」に向けた支援を行うことを目的としています。

　生活保護受給者のうちの4割を占めるのが高齢者です。保護受給世帯を担当する場合は、利用者および家族に生活保護ケースワーカーと連携することを説明します。

　介護サービスの利用料自己負担分が銀行口座から引き落とせない、公共料金が払えない、生活費が足りないなどの経済状況を把握したら地域包括支援センターなどに相談し対応を検討をしましょう。

（1）申請の窓口

　相談・申請する窓口は、現在住んでいる地域を所管する福祉事務所の生活保護担当です。なお、福祉事務所が設置されていない町村に住む人は、町村役場でも申請の手続を行うことができます。

（2）年金と生活保護の関係

　一か月単位で計算された年金とその他の収入と合わせても「最低基準額」（地域によって差がある）を超えなければ、その差額分が生活保護費として支払われます。

　生活保護支給額＝国が定めた最低生活費　―　当該世帯の収入（年金含む）

● 生活保護の手続

事前の相談	→	保護の申請	→	保護費の支給
・生活保護制度の説明 ・生活福祉資金、障害者施策等各種の社会保障施策等の紹介や助言		・預貯金、保険、不動産等の資産調査 ・扶養義務者による扶養の可否の調査 ・年金等の社会保障給付、就労収入等の調査 ・就労の可能性の調査		・最低生活費から収入を引いた額を支給 ・世帯の実態に応じて、年数回の訪問調査 ・収入、資産等の届出の受理、定期的な課税台帳との照合などを実施 ・就労の可能性のある者への就労指導

資料：厚生労働省第23回社会保障審議会生活保護基準部会資料（2016年）

● 保護の種類・範囲

種類	範囲
生活扶助	・衣食その他日常生活の需要を満たすために必要なもの　・移送
教育扶助	・義務教育に伴って必要な教科書その他の学用品 ・義務教育に伴って必要な通学用品　・学校給食その他義務教育に伴って必要なもの
住宅扶助	・住居　・補修その他住宅の維持のために必要なもの
医療扶助	・診察　・薬剤または治療材料　・医学的処置、手術およびその他の治療ならびに施術 ・居宅における療養上の管理およびその療養に伴う世話その他の看護　・移送
介護扶助	・居宅介護(居宅介護支援計画に基づき行うものに限る) ・介護予防(介護予防支援計画に基づき行うものに限る)　・福祉用具／介護予防福祉用具 ・住宅改修／介護予防住宅改修　・施設介護　・介護予防・日常生活支援　・移送
出産扶助	・分べんの介助　・分べん前および分べん後の処置　・脱脂綿、ガーゼその他の衛生材料
生業扶助	・生業に必要な資金、器具または資料　・生業に必要な技能の習得　・就労のために必要なもの
葬祭扶助	・検案　・死体の運搬　・火葬または埋葬　・納骨その他葬祭のために必要なもの

● 生活扶助基準額の例(平成29年4月1日現在)

	東京都区部等	地方郡部等
3人世帯(33歳、29歳、4歳)	158,380円	129,910円
高齢者単身世帯(68歳)	79,790円	64,480円
高齢者夫婦世帯(68歳、65歳)	119,200円	96,330円
母子世帯(30歳、4歳、2歳)	188,140円	158,170円

CHECK POINT

生活困窮者自立支援制度

生活困窮者自立支援制度は、「現在は生活保護を受給していないが、生活保護に至るおそれがある人で、自立が見込まれる人」を対象にさまざまな面で支援します。主に次のような支援を行います。

・**自立相談支援事業**：相談窓口で支援員が「支援プラン」をつくる。
・**住居確保給付金の支給**：家賃相当額を支給し就職に向けた支援を行う。
・**就労準備支援事業**：すぐに就労が困難な人に一般就労に向けた支援や就労機会の提供を行う。期間は6か月〜1年間。
・**家計相談支援事業**：家計状況を「見える化」し、本人が家計管理できるように支援する。必要に応じて貸付のあっせん等も行う。
・**就労訓練事業**：個別の就労支援プログラムに基づき一般就労に向け中・長期的に実施する。「中間的就労支援」を含む。
・**一時生活支援事業**：不安定な住居形態にある人に衣食住を提供し、退所後の生活を目指し就労支援などの自立支援も行う。

PART 6
3
高額介護(予防)サービス費等と介護保険による補足給付

高額介護(予防)サービス費

　介護（予防）サービスを利用するには自己負担（1～3割）をしなければいけません。この利用者負担には所得に応じて「月々の負担の上限額」が設定されています。

　1か月の利用者の負担の合計が上限額を超えた時には「超えた分」が払い戻されます。一般的な所得の上限額は「44,400円」となっています。

　なお、福祉用具購入費、住宅改修費、施設サービス・短期入所の居住費・食費・日常生活費などは対象となりません。

〈申請の流れ〉
・支給申請書に領収書や所得状況を証明する書類を添付して市町村に提出する。
・申請は要介護者等ごとに行うが、同一月にサービスを利用した世帯等も記載する。

介護保険による補足給付

　介護サービス（例：通所介護、短期入所など）の利用にあたり「食費、居住費」は保険給付の対象外であり、原則として利用者が負担します。しかし、所得の低い人（住民税非課税世帯）が利用できないため、所得に応じた負担限度額を設定し、平均的な費用（基準費用額）と負担限度額の「差額」を保険給付で補っています。

　利用するには「申請」が必要となります。

〈対象となる条件〉
・世帯分離している場合でも、本人と配偶者ともに住民税が非課税であること。必要に応じて戸籍等の照会が行われる。
・預貯金等が一定額以下（配偶者がいない：1千万円以下、配偶者がいる：2千万円以下）であることが給付の条件となる。必要に応じて金融機関への照会が行われる。

●高額介護サービス費等の所得区分ごとの負担上限額

区　分	負担の上限（月額）
現役並み所得者に相当する方がいる世帯の場合※1	44,400円（世帯）※2
世帯内のどなたかが市区町村民税を課税されている場合	44,400円（世帯）※2※4
世帯の全員が市区町村民税を課税されていない場合	24,600円（世帯）※2
市区町村民税が非課税で老齢福祉年金を受給している場合	15,000円（個人）※3 24,600円（世帯）※2
市区町村民税が非課税で前年の合計所得金額と 公的年金等収入額の合計が年間80万円以下の方等	15,000円（個人）※3 24,600円（世帯）※2
生活保護を受給している方等	15,000円（個人）※3

※1　同一世帯内に課税所得145万円以上の65歳以上の方がいる場合。ただし同一世帯内に65歳以上の方が一人の場合でその方の収入が383万円未満の場合および65歳以上の方が2人以上いる場合でそれらの方の収入の合計額が520万円未満の場合は、あらかじめ市区町村へ申請することで、負担上限が37,200円になる。
※2　「世帯」とは、住民基本台帳上の世帯員で、介護サービスを利用した方全員の負担の上限額を指す。
※3　「個人」とは、介護サービスを利用した本人の負担の上限額を指す。
※4　同一世帯内の全ての65歳以上の方（サービスを利用していない方を含む）の利用者負担割合が1割の世帯に年間上限額（446,400円）を設定

●補足給付の利用者負担段階

利用者負担段階	主な対象者
第1段階	・市町村民税世帯非課税の老齢福祉年金受給者 ・生活保護受給者
第2段階	・市区町村民税が非課税で前年の合計所得金額と公的年金等収入額の合計が年間80万円以下
第3段階	・市町村民税世帯非課税であって、第2段階該当者以外
第4段階	・市町村民税本人非課税であって、世帯に課税者がある者 ・市町村民税本人課税者

関連制度と周辺知識

PART 6-4 医療保険制度

医療保険制度と後期高齢者医療制度

　日本では法令によりすべての国民は公的医療制度に加入しています（国民皆保険）。職業や年齢によって勤務先の被用者保険（社保）か国民健康保険（国保）に加入します。退職後から75歳に達するまでは国保に加入するのが一般的です。

　しかし、75歳になると、それまで加入していた国民健康保険や被用者保険（健康保険や共済組合等）から後期高齢者医療制度に移行します。なお、一定の障害がある人は65歳から対象となります。

　利用者がどの医療保険に加入しているかは、保険証カードの「保険者名、保険者名称」を確認しましょう。

〈後期高齢者医療制度の特徴〉

- **負担割合**：医療機関窓口における負担割合は「原則1割」。現役並みに所得のある人は3割
- **保険料率**：都道府県によって異なる。原則として年金からの天引き（特別徴収）
- **運営主体**：各都道府県の後期高齢者医療広域連合が行う。
- **受付等**：各申請書の受付、保険証の交付、保険料の徴収は市区町村が行う。
- **適用除外となる要件**：生活保護受給者、日本国籍を有しない者

高額療養費制度

　医療費の自己負担が高額となり家計が破綻しないように、自己負担額が一定額を超えた場合に「超過分」を医療保険がカバーする制度です。

　対象となるのは「1か月間に同一医療機関に支払った一部負担金が自己負担限度額を超えた場合」です。なお一部負担金がある一定額を超える医療機関が2つ以上あると合算できます。また同じ保険に加入する家族でも合算できます。なお、70歳以上の患者は一定額の足切りはなくすべて「合算」できます。

●医療保険制度の体系

種類		保険者	加入対象	扶養家族の保険料
被用者保険	健康保険	健康保険組合（健保組合）	主に大企業で働くサラリーマンとその扶養家族	なし
		全国健康保険協会（協会けんぽ）	主に中小企業で働くサラリーマンとその扶養家族	なし
	共済	国家公務員共済組合	国家公務員とその扶養家族	なし
		地方公務員等共済組合	地方公務員等とその扶養家族	なし
		私学教職員共済組合	私学教職員とその扶養家族	なし
国民健康保険	市町村国保	市区町村	自営業者、無職者	保険料の加算あり
	国民健康保険組合	国民健康保険組合	特定の職種の自営業者で組織される組合の組合員とその扶養家族	組合によって異なる
後期高齢者医療制度		後期高齢者医療広域連合	75歳以上の国民、65〜74歳で一定の障害状態にあって広域連合の認定を受けた人	一人ひとりが被保険者として保険料を負担

高額介護合算療養費制度

　医療保険と介護保険の自己負担額を合算し、「年単位」で基準額を超えた場合に「超過額」が還付される制度です。

　個人単位でなく「世帯単位」で合算できますが、加入している医療保険が同じである必要があります。

　期間は「毎年8月1日〜翌年7月31日」の1年間で、毎回（毎年）、申請の手続きが必要となります。なお、基準額は変更があるので、そのつど調べましょう。

「保険料、自己負担額が払えない」場合の対応方法

　国保や後期高齢者医療制度の保険料を納めないと有効期間の短い保険証に切り換えられたり、受診時に全額自己負担となります。

　収入がなく払える余裕がない利用者を担当した場合は、市区町村の窓口に「保険料の減免措置」を相談するようにつなぎます。

　自己負担が払えない低所得者は「無料定額診療」を利用することもできます。

高齢者虐待

高齢者虐待の要因

　高齢者虐待には「身体的、心理的、性的、経済的、ネグレクト」の5種類があり、3つの要因が考えられます。

（1）介護者（虐待者）側の要因

　退院直後の看護・介護ストレス、介護の長期化による介護ストレスや体調の悪化、近親者・近所とのトラブル、経済的困窮、意思疎通のトラブルのほかに、介護者が病気や精神的な問題（悩みや不安含む）を抱えこんでいることなどがあります。

（2）利用者側の要因

　意思疎通ができない、ストレスや認知症による言動や行動の混乱、身体的自立度の低下等のため介護者の負担が増大し、虐待的介護や行動のきっかけとなります。

（3）社会的要因

　近隣同士のつきあいの減少、家族・親族等の介護者への関心の低さなどにより軽微な虐待の早期発見が遅れる、などです。

高齢者虐待への対応

　高齢者虐待防止法および障害者虐待防止法の目的は高齢者や障害者の権利・利益の擁護・保護です。また、虐待をしている「養護者」への支援を定めています。

（1）虐待の事実に着目する

　虐待の発生にはさまざまな事情がありますが、虐待を受けている本人を救済（保護）することを第一にします。虐待している・虐待されている「自覚の有無」を問うのでなく、「虐待の事実」に着目し迅速かつ適切な対応をとります。

（2）地域包括支援センターへの通報

　虐待の事実を発見したらすみやかに地域包括支援センターおよび市町村に相談・通報します。地域包括支援センターは虐待対応チームを設置し事実確認のため訪問調査やケアマネジャーや介護サービス事業所、医療機関、民生委員から情報収集し、「緊急性の判断」を行います。

●虐待の種別

区分	内容
身体的虐待	暴力によって危害を加える行為、もしくは危害を与えかねない扱いをする行為
心理的虐待	言葉や行動による、ストレスや危害を加える行為
経済的虐待	本人の許可無く、所有物や資産を搾取する行為
性的虐待	同意なしでの性的な接触や力ずくでの性的接触
放棄放任（ネグレクト）	日常の必要な世話を怠る行為

●虐待の判定レベル

虐待の程度	虐待の種別	内容
レベルA 生命・心身の健康・生活に関する危険な状態が生じ、緊急分離・保護が必要	身体的虐待	暴力等によりすでに生命の危険がある（重度の火傷、骨折、頭部外傷、首絞め、意識混濁、揺さぶり、身体拘束）
	心理的虐待	養護者からの著しい暴言や拒絶的な態度により人格や精神状態に歪みが生じている。時に抑うつ状態や自殺願望や自殺企図にまで至る
	経済的虐待	年金搾取等により収入源が途絶え、電気・ガス・水道が止められる。食料が底をついている
	性的虐待	同意のない性行為をさせること。わいせつな行為をする、またはさせること。性感染症に至ること
	ネグレクト	重度の低栄養や重い脱水状態および全身衰弱。十分な介護がされないことによる重度のじょくそう、肺炎、長時間の戸外放置
レベルB 生命・心身の健康・生活に著しい支障が生じ、分離・保護を検討	身体的虐待	暴力等による今後重大な結果が生じる状態（打撲傷・顔面打撲・擦過傷・内出血）。睡眠薬の過量摂取による過度の睡眠状態
	心理的虐待	暴言や無視による無気力や自暴自棄な状態、極端なおびえ。自己効力感の低下が著しい状態
	経済的虐待	年金搾取等により収入源が途絶え、支払いが滞りがち、支払う意思なし
	性的虐待	排泄介助後に下半身を裸にして放置、心身の健康に影響のおそれがある状態
	ネグレクト	食事が与えられないことによる体重の減少、低栄養・低血糖。介護放棄による極めて不衛生・不潔な状態
レベルC	身体的虐待	軽くつねられる。叩かれる、あざがある
	心理的虐待	無視や幼稚言葉や暴言叱責により落ち込む。ストレスによる引っかき、噛みつき、大声、弄便、異食 など
	経済的虐待	他者が年金等を管理し、本人の承諾なく使っている
	性的虐待	性的な言葉かけ・接触・態度・視線をなげかけられ精神的に苦痛を感じている
	ネグレクト	一時的にケアが不十分な状態。本人に意向や状態にあったケアがなされていない
レベルD		現在、虐待行為はないが、養護者から「叩いてしまいそう」「世話をしたくない」など、虐待が心配される訴えがある

PART 6
成年後見制度

成年後見制度の意義と申し立て

　認知症や精神障害、知的障害など「意思決定や判断に支障がある人」「世帯内に適切な意思決定をできる人がいない人」を支援するのが成年後見制度です。
　具体的には次のような人です。
- 医療機関の受診や治療、介護サービス利用等の契約に支援が必要である。
- 悪質商法などの被害を受けている。
- 財産管理や法律行為の支援が必要である。

〈申し立て〉

　申し立ては「**本人・配偶者・4親等内の親族**」が行えます。親族等がいない場合や申し立てが困難な場合は地域包括支援センターに相談して「**市町村長申し立て**」を行います。なお経済的虐待を受けているなど緊急性がある場合は「**審判前の保全処分の申し立て**」を法律関係者と連携して行います。補助・保佐レベルの人なら本人申し立ても可能です。

成年後見人等の役割とかかわり方

　成年後見人・保佐人・補助人になる人は主に次の人たちです。
- **親族後見人**：配偶者、4親等内の親族
- **専門職後見人**：弁護士、司法書士、行政書士、社会福祉士、市民後見人など
- **任意後見人**（あらかじめ本人が相手と公正証書を交わし家庭裁判所に届けておく）

　主に本人の財産管理や身上監護に関して、付与された代理権・同意権・取消権の範囲内で支援します。
　これらの支援には「身上義務」（本人の意思を尊重し、心身の状態と生活の状況について配慮する）が決められています。
　かかわるのは契約時やサービスの調整時だけでなく、サービス担当者会議には出席を依頼します。同一世帯でも介護者と後見人が異なる場合は、生活費などの支出や介護保険の自己負担分の支払いの管理が難しくなることもあるので注意をしましょう。

● 代理権の内容

① 財産管理、保存、処分等に関すること
② 金融機関との取引に関すること
③ 定期的な収入の受領および費用の支払いに関すること
④ 生活に必要な送金および物品の購入等に関すること
⑤ 相続に関すること
⑥ 保険に関すること
⑦ 証書等の保管および管理に関すること
⑧ 介護契約、その他の福祉サービス利用契約等に関すること
⑨ 福祉関係の措置の申請および決定に関する異議申し立て
⑩ 医療契約、変更、解除に関すること

● 成年後見制度の類型

	類型	代理権の範囲	同意権・取消権の範囲
法定後見	後見類型 （判断能力を欠く）	財産に関するすべての法律行為	日常生活に関する行為以外の行為
	保佐類型 （判断能力が著しく不十分）	家庭裁判所が個々の事案において必要性を判断した上で決定した行為（ただし、代理権の付与については本人の同意が必要）	重要な財産行為
	補助類型 （判断能力が不十分）	家庭裁判所が個々の事案において必要性を判断した上で決定した行為	重要な財産行為のうち家庭裁判所が定めた特定の法律行為
任意後見		自己の生活、療養看護、財産管理に関する事務で任意後見契約で定められた行為	なし

● 身上監護の内容

① 健康診断等の受診、治療・入院等に関する契約の締結、費用の支払い
② 本人の住居の確保に関する契約の締結、費用の支払い
③ 施設等の入退所に関する契約の締結、費用の支払い等、およびそこでの処遇の監視・異議申立て
④ サービス利用に関連して必要な契約の締結・費用の支払い
⑤ 教育・リハビリに関する契約の締結、費用の支払い
⑥ 法律行為として行われる異議申立て等の公法上の行為
⑦ アドボカシー活動
⑧ 訴訟行為（訴訟提起・追行等）
⑨ 一般的見守り活動

● 後見人ができないこと

① 介護行為等の事実行為
② 婚姻・認知、医療行為に関わる同意等本人だけにしか決められないこと（一身専属的な権利の代理はできない）
③ 日常生活に関する行為の取消し（日用品の購入など）
④ 身体に対する強制を伴う事項の同意（手術・通院などの医療行為や施設の入所などの強制はできない）
⑤ 居住用不動産の処分（家庭裁判所の許可が必要）
⑥ 身元保証（自分で自分のことを保証することはできない）

PART 6-7 介護休業制度
（正式には育児・介護休業制度）

目指すのは「仕事と介護」の両立支援

　介護休業制度とは主たる介護者が介護のために離職するのを防ぐ制度です。具体的には、労働者が要介護2以上（2週間以上、常時介護が必要）の家族を介護するための休業等を定めており「仕事と介護の両立支援」のための制度です。

介護休業

　入社1年以上の労働者が要介護状態（負傷、疾病または身体上・精神上の障害により、2週間以上の期間にわたり常時介護を必要とする状態）にある家族を介護するために休業できる制度です。

（1）対象となる家族の範囲
・配偶者（事実婚を含む）、父母、子、配偶者の父母、祖父母、兄弟姉妹および孫

　介護関係の「子」とは、法律上の親子関係がある子（養子含む）のみ

（2）休業期間
　対象家族1人につき、通算93日まで3回まで分割して利用できる

介護休暇

　入社6か月以上の労働者が家族の介護その他の世話を行う場合には、1年に5日（2人以上なら10日）まで、介護その他の世話（例：通院の付添い、介護サービス利用の手続き）を行うために休暇が取れます。

〈休暇の内容〉
・1日あるいは半日（所定労働時間の2分の1）単位で取得可能
・1日単位での取得のみとすることができる人（1日の所定労働時間が4時間以下の労働者、半日単位での取得が困難と認められる業務に従事する人（労使協定が必要）

●仕事と介護の両立支援制度

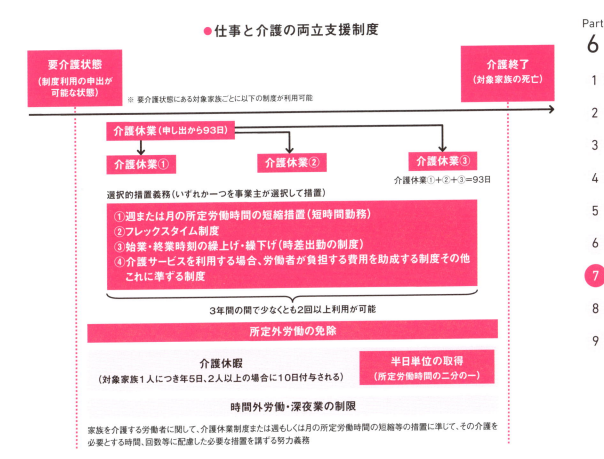

●「93日」ルール

⇒①の介護休業を30日取得した後も要介護状態であれば対象家族1人につき3回まで、ひとかたまりの休業を通算93日に達するまで取得できる。

時間外労働の制限、深夜業の禁止

入社1年以上の労働者が家族を介護するために請求した場合には、制限時間（1か月24時間、1年150時間）を超えて時間外労働をさせられません。

1回の請求につき1か月以上1年以内の期間とし、回数に制限はありません。

また深夜業の禁止（午後10時～午前5時）も定められています。

PART 6-8 精神疾患の知識と支援

精神障害者の疾患の特徴と支援

　利用者が精神障害を有している、または同居する中年期の子どもが精神障害を有している、精神疾患が疑われるが未受診である、などのケースが増えています。

　精神障害の疾患的特徴を学び、医療機関、保健所、精神保健福祉センター、障害者地域生活自立支援センターなどの専門機関と精神科医、保健師、作業療法士、精神保健福祉士、相談支援専門員等と連携した支援の手法を知っておくことは重要です。

精神疾患の症状と
ケアマネジメント

　精神障害とは、精神の状態が病的あるいは異常な状態をいい、「精神病、神経症、統合失調症、パーソナリティ障害、気分（感情）障害、精神遅滞、発達障害などを含む総称」です。

　精神疾患別の特徴と本人の生活への影響と「生活のしづらさ」を適切に把握し、専門機関や専門職と連携し、その状態像に合わせた支援を行います。

入院による精神疾患への医療支援

　精神保健福祉法に基づき、入院による治療が行われます。本人の同意に基づく任意入院、保護者の同意で行われる医療保護入院、生命および自傷他害の危険が想定される措置入院の他に応急入院、緊急措置入院があります。

地域生活継続のための支援

　地域生活を続けるには医療の中断による迷惑行為、家庭での自傷・暴力・引きこもり等を予防しなければいけません。

　そのためには「通院」を続けながら地域での生活の継続を図ることが重要です。そのために医療・保健・福祉・就労および行政機関が一体となったチームアプローチにより、次の5つの支援が行われます。

・居場所の確保

●代表的な精神疾患

分類	関連疾患・障害
器質性精神障害	認知症、症状性精神障害、てんかん
精神作用物資使用による精神および行動の障害	アルコール関連障害、アルコール以外の抑制系精神作用物質による障害、興奮系の精神作用物資による障害、タバコ関連障害、カフェイン関連障害
統合失調症	解体型（破瓜型）、緊張型、妄想型、単純型ほか
気分（感情）障害	うつ病、双極性障害、持続性気分障害、月経前症候群・月経前不快気分障害、非定型うつ病
神経症性障害、ストレス関連障害および身体表現性障害	神経症、不安症、重度ストレス反応、心的外傷およびストレス因関連障害群、適応障害、解離症、身体症状症、神経衰弱、心身症
生理的障害および身体的要因に関連した行動症候群	食行動障害・摂食障害、睡眠覚醒障害、性機能不全（非器質性のもの）、産褥に関連した障害
パーソナリティ障害と行動の障害	A群（社会から孤立し引きこもる）、B群（情緒が不安定・攻撃的で安定した関係が築けない）、C群（不安や神経症的な様相がみられる）、行動（習慣および衝動）の障害・異常、性関連性障害
精神遅滞（知的障害）	知的能力障害の程度による分類（軽度・中等度・重度・最重度）、原因による分類（ダウン症候群、結節性硬化症、フェニルケトン尿症、クレチン病）
心理的発達の障害	心理的発達の障害・神経発達障害群、特異的発達障害・限局性学習障害、広汎性発達障害・自閉症スペクトラム障害
小児期および青年期に通常発症する行動および情緒の障害	多動性障害、行為障害、情緒障害、インターネット（オンライン）ゲーム障害

●医療入院支援

入院形態	内容
任意入院	精神障害者本人の同意に基づく入院
措置入院（緊急措置入院含む）	自傷他害の恐れがある者について、都道府県知事が通報を受けた場合に一定の手続きを経て、知事がその者を国等の設置した精神科病院または指定病院に入院させる制度
医療保護入院（応急入院含む）	精神保健指定医の診察の結果、精神障害者であって医療および保護のための入院の必要性がある者で、任意入院が行われる状態にないと判定され保護者の同意がある時に、本人の同意がなくても入院させることができる入院形態 ※保護者となり得る者とその順位 ①後見人または保佐人　②配偶者　③親権を行う者 ④②③の者以外の不要義務者のうちから家庭裁判所が専任した者

●地域生活継続の支援

所得保障	障害年金制度、生活保護制度、精神障害者保健福祉手帳
住居	グループホーム、居住サポート事業
在宅生活	居宅介護（ホームヘルプ）、地域活動支援センター
就労	就労移行支援、就労継続支援（A型、B型）、ハローワーク障害者相談窓口
精神保健福祉関連機関	保健所、精神保健福祉センター、医療機関、障害者総合支援法に規定される各種サービス等

・当事者と家族に対する支援
・地域住民の理解とネットワーク
・精神障害者へのサポート
・働く場の確保（就労支援）

消費者保護制度

高齢消費者の保護の必要性と支援

　高齢者を狙った詐欺や悪質訪問販売が急増しています。高齢者の３つの不安（お金、健康、孤独）に悪質業者は言葉巧みにつけこみ年金や貯蓄などを狙っています。

　被害に遭う理由には、①自宅にいることが多いので電話勧誘販売や家庭訪販に狙われやすい、②契約行為など複雑な項目が理解できず任せてしまう、③孤独のため相手をすぐに信用する、④自分はだまされないと過信している、⑤記憶が定かでないのでとりあえず払ってしまう、などがあります。

　さらに顧客リストが闇で流通し集中して狙われる、「だまされるほうが悪い」という意識から被害を訴えないなども「被害の潜在化」に拍車をかけています。

　ケアマネジャーは利用者（家族）の被害の予防だけでなく、地域の「見守り役」として早期の発見と対応および地域の「口コミ役（啓発活動）」が期待されています。

消費者被害と悪質商法の種類

　高齢者を対象とする悪質商法として「健康食品、美容機器、健康器具、電気治療器具、浄水器、耐震設備、宝飾品、布団」が一般的です。近年は「未公開株、転換社債、海外ファンド投資、老人ホーム入居権、仮想通貨、海外不動産使用権、自費出版」という新手の詐欺商法も現れています。

　少額ですが「点検商法（消火器など）、送りつけ商法（代引き）、押し売り、配置薬、新聞契約詐欺」なども根強いです。

消費者被害と悪質商法の発見と対応

　これらの対応のポイントは「早期発見」です。不自然なモノが置かれていないか、不自然な工事がされていないか、高額な領収書や督促状、契約書、重要事項説明書等がないかにアンテナを張りましょう。発見したら地域包括支援センター・消費生活センターと連携して対応しましょう。

● 急増する悪質商法

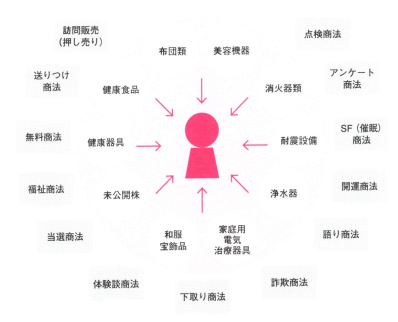

・クーリングオフ
契約した後、頭を冷やして(Cooling Off)冷静に考え直す時間を消費者に与え、一定期間内であれば無条件で契約を解除することができる特別な制度のこと。いくつかの法律によって定められている。
(1) クーリングオフの要件
　・取引が特定商取引法で規定した「訪問販売」「電話勧誘販売」「特定継続的役務提供」「連鎖販売取引(マルチ商法)」「業務提供誘引販売取引(内職商法)」「訪問購入」に該当すること。
(2) クーリングオフの適用除外
　・化粧品、健康食品などの消耗品を消費した場合　・3000円未満の現金取引である場合　・商品が乗用自動車である場合
(3) クーリングオフの行使期間
　契約日からの起算ではなく、法律で定められた事項が書かれていた契約書面(「法定書面」という)を受け取った日から起算する。訪問販売、電話勧誘販売、特定継続的役務提、訪問購入は8日間、連鎖販売取引(マルチ商法)、業務提供誘引販売取引(内職商法)は20日間。
(4) クーリングオフの方法
　クーリングオフの通知は書面(はがき等)で行い、証拠を残しておく(「特定記録郵便」または「簡易書留」で行う)。
(5) クーリングオフの効果
　支払った代金は業者から返還してもらい、購入した商品は返還する。

・消費者契約法
消費者と事業者の間のすべての契約について適用され、契約を「取り消し」「無効」にすることができる。
(1) 契約の取り消し
　不適切な勧誘で誤認・困惑して契約した場合、契約を取り消すことができる
(2) 契約の無効
　消費者に一方的に不当・不利益な契約条項の一部または全部において無効にすることができる。

参考文献

- 介護支援専門員実務研修テキスト作成委員会編「6訂 介護支援専門員実務研修テキスト（上巻・下巻）」一般財団法人長寿社会開発センター、2016年
- はじめてのケアマネジメント作成委員会「はじめてのケアマネジメント──仕事のコツがわかるチェックポイント」中央法規出版、2011年
- 担当者会議向上委員会「サービス担当者会議マニュアル－準備から終了後まで（ケアマネジャー＠ワーク）」中央法規出版、2012年
- 野中猛・高室成幸・上原久「ケア会議の技術」中央法規出版、2007年
- 野中猛「図説ケアチーム」中央法規出版、2007年
- A.R. ホックシールド「管理される心──感情が商品になるとき」世界思想社、2000年
- 武井麻子「感情と看護──人とのかかわりを職業とすることの意味（シリーズ ケアをひらく）」医学書院、2001年
- 金井壽宏「働くひとのためのキャリア・デザイン」ＰＨＰ研究所、2002年
- 岩間伸之「対人援助のための相談面接技術──逐語で学ぶ21の技法」中央法規出版、2008年
- 後藤佳苗「実践で困らない！駆け出しケアマネジャーのためのお仕事マニュアル」秀和システム、2012年
- 田中元「現場で使える新人ケアマネ便利帖 第２版」翔泳社、2015年
- 鈴木四季編著「仕事の進め方がよくわかる 新人ケアマネジャーの現場サポートブック」ナツメ社、2015年
- 高室成幸「ケアマネジャーの質問力」中央法規出版、2009年
- 高室成幸「ケアマネジャーの会議力」中央法規出版、2017年
- 高室成幸「新・ケアマネジメントの仕事術──現場実践の見える化と勘所」中央法規出版、2015年
- 高室成幸「豊富な図解 ケアマネ育成指導者用講義テキスト」日総研出版、2017年
- 高室成幸監修・ケアマネジャー編集部編「ケアマネジャー手帳2018」中央法規出版、2017年

著者紹介
高室成幸（たかむろ　しげゆき）
ケアタウン総合研究所　代表

京都市生まれ　日本福祉大学社会福祉学部卒業
2000年にケアタウン総合研究所を設立し、ケアマネジャーや主任介護支援専門員、地域包括支援センター、相談支援専門員、社協職員、行政職員、施設職員、施設管理者などを対象に、ケアマネジメント、地域包括ケアシステム、モチベーション、施設マネジメント、虐待予防、リスクマネジメントから質問力、文章・記録など多岐にわたるテーマで研修・執筆・コンサルテーションを行っている。著書・監修書多数。雑誌への寄稿も多い。

【主な著書】
- 「ケアマネジャーの会議力」（単著）中央法規出版、2017年
- 「新・ケアマネジメントの仕事術――現場実践の見える化と勘所」（単著）中央法規出版、2015年
- 「ケアマネジャーの仕事力――スキルアップ13の技術」（単著）日総研出版、2008年
- 「ケアマネジャーの質問力」（単著）中央法規出版、2009年
- 「介護予防ケアマネジメント――「質問力」で磨こうアセスメントとプランニング」（単著）中央法規出版、2007年
- 「ケア会議の技術」（共著）中央法規出版、2007年
- 「介護保険『ケアプラン点検支援マニュアル』活用の手引」（共著）中央法規出版、2008年
- 「施設ケアプラン記載事例集――チームケア実践」（共著）日総研出版、2017年
- 「『選ばれる福祉職場』になるための採用面接――複数面接＆実技観察」（単著）メディア・ケアプラス、2016年
- 「伝える力」（単著）筒井書房、2010年
- 「言いにくいことを伝える77のコミュニケーション――介護施設編」（単著）筒井書房、2011年

他多数

【主な監修書】
- 「ケアマネジャー手帳」中央法規出版
- 「『もう限界！！』介護本シリーズ」自由国民社
- 「介護保険の基本と仕組みがよ～くわかる本」秀和システム
- 「これでわかる親の介護」成美堂出版、2015年

【編集協力（五十音順）】

奥田亜由子（おくだ　あゆこ）
ふくしの人づくり研究所所長
日本福祉大学社会福祉学部非常勤講師
主任介護支援専門員・社会福祉士

田澤直美（たざわ　なおみ）
たがみの里居宅介護支援事業所所長
主任介護支援専門員

小森谷陽子（こもりや　ようこ）
特定非営利活動法人みきフレンド・あふり管理者
主任介護支援専門員・社会福祉士・介護福祉士

中村匡宏（なかむら　まさひろ）
横浜市六浦地域ケアプラザ　地域包括支援センター
主任介護支援専門員・社会福祉士

佐藤咲恵（さとう　さきえ）
陸前高田市地域包括支援センター
主任介護支援専門員・保健師

綿貫　哲（わたぬき　てつ）
株式会社いわま薬局　ひとむすび八橋
主任介護支援専門員・社会福祉士・精神保健福祉士

※研修事業に関する問い合わせ
ケアタウン総合研究所　http://caretown.com

必携！イラストと図解でよくわかる

ケアマネ実務
スタートブック

2017年12月25日 初 版 発 行
2025年 2月20日 初版第7刷発行

著 者	高室成幸
発行者	荘村明彦
発行所	中央法規出版株式会社

〒110-0016　東京都台東区台東3-29-1　中央法規ビル
TEL：03-6387-3196
https://www.chuohoki.co.jp/

印刷・製本	ルナテック
装幀	渡邊民人（TYPEFACE）
本文デザイン	谷関笑子（TYPEFACE）
装幀・本文イラスト	坂木浩子

ISBN 978-4-8058-5613-0

定価はカバーに表示してあります。落丁・乱丁本はお取り替えいたします。
本書のコピー、スキャン、デジタル化等の無断複製は、著作権法上での例外を除き禁じられています。
また、本書を代行業者等の第三者に依頼してコピー、スキャン、デジタル化することは、
たとえ個人や家庭内での利用であっても著作権法違反です。
本書の内容に関するご質問については、下記URLから「お問い合わせフォーム」に
ご入力いただきますようお願いいたします。
https://www.chuohoki.co.jp/contact/